AF501477

A conserver

ŒUVRES

MILITAIRES

DE GUIBERT.

Tome II.

ŒUVRES MILITAIRES DE GUIBERT,

PUBLIÉES PAR SA VEUVE,

SUR LES MANUSCRITS ET D'APRES LES CORRECTIONS DE L'AUTEUR.

TOME SECOND.

ESSAI GÉNÉRAL DE TACTIQUE.

SECONDE PARTIE.

A PARIS,

CHEZ MAGIMEL, LIBRAIRE POUR L'ART MILITAIRE, QUAI DES AUGUSTINS, n°. 73.

AN XII. — 1803.

TABLE GÉNÉRALE
DES CHAPITRES.

TOME SECOND.

EXPLICATION DES PLANCHES

DE LA SECONDE PARTIE.

GRANDE TACTIQUE.

PLANCHE I. Ouverture d'une marche de front.

II. Ouverture d'une marche de flanc.

III. Ordre de bataille de l'armée rassemblée dans le Camp d'instruction.

IV. Ordre de marche de front suivi d'un ordre de bataille parallèle, les colonnes se déployant sur la gauche.

V. Ordre de marche de front suivi d'un ordre de bataille parallèle, les colonnes se déployant sur la droite.

VI. Ordre de marche de front suivi d'un ordre de bataille parallèle, les colonnes déployant sur le centre.

VII. Ordre de marche de flanc suivi d'un ordre de bataille parallèle.

VIII. Autre ordre de marche de flanc suivi d'un ordre de bataille parallèle.

IX. Ordre de marche de front suivi d'un ordre de bataille oblique en ligne contigue.

X. Ordre de marche de front suivi d'un ordre de bataille oblique par échelons, les colonnes déployant sur le centre.

XI. Ordre de marche de front suivi d'un ordre de

bataille oblique pris les colonnes se présentant à l'ennemi sur un alignement parallèle à son front.

XII. Ordre de marche de front suivi d'un ordre de bataille oblique sur le centre.

XIII. Ordre de marche suivi de la formation d'un ordre oblique adapté au terrein.

XIV. Ordre oblique combiné sur la première disposition de l'ennemi, et changé ensuite rapidement sur un autre point à la vue des changemens que l'ennemi a faits dans sa disposition.

XV. Ordre de marche de flanc suivi d'un ordre de bataille de front, nécessité par la circonstance inopinée de l'arrivée de l'ennemi sur la tête de la marche.

ESSAI GÉNÉRAL
DE
TACTIQUE.

SECONDE PARTIE.

AVANT-PROPOS.

J'ai essayé, dans la partie précédente, de tracer les principes sur lesquels doivent être constitués et instruits les différens corps destinés à composer une armée; ici, la carrière s'ouvre et s'étend. Il s'agit de rassembler ces corps, de les amalgamer, de les faire concourir à l'exécution des grandes manœuvres de la guerre. C'est l'art d'enseigner cette exécution, de la combiner, de la diriger, qu'on appelle *Grande Tactique*. C'est cette grande tactique qui est proprement la science des généraux, puisqu'elle est le résumé et la combinaison de toutes les connoissances militaires; puisque par *Général* on doit entendre un homme qui les possède toutes, qui est de toutes les armes, qui sait les conduire toutes, soit en particulier, soit réunies. Quels mots, que ceux de *général* et d'*armée*! et pour peu qu'on les médite, quelle immensité d'idées ils présentent à l'imagination!

Que la plume tombe des mains du philosophe qui cherche à régler les devoirs de l'homme, à peser ses préjugés, à déterminer ses opinions: cela doit être. Il doit, s'il est vertueux, frémir des conséquences que peut avoir son ouvrage; il doit prévoir qu'il ne mettra souvent que des sophismes à la place des ténèbres, et des vérités funestes à celle des erreurs utiles; mais moi, j'écris sur mon art, sur un art malheureux, devenu nécessaire et important à perfectionner; je n'écris point d'imagination, je ne fais point de systêmes, j'examine ceux qui existent; je mets en ordre ce que j'ai médité; je crois pouvoir démontrer les principes de la grande tactique, comme j'ai démontré ceux de la tactique élémentaire. J'entreprends de l'exécuter. Tout homme a le droit de publier ses réflexions sur l'art qu'il cultive; et tel est l'avantage des arts et de toutes les sciences exactes, que leurs progrès naissent de la discussion et même des erreurs; tandis qu'en fait de morale, de métaphysique et de toutes les sciences d'opinion, les écrits ne font qu'augmenter les doutes et l'ignorance.

Ainsi que la tactique élémentaire a pour objet de mouvoir un régiment dans toutes les circonstances que la guerre peut offrir; de même la grande tactique a celui de mouvoir une armée d'après toutes les données possibles.

Cet essai n'étant que l'esquisse d'un ouvrage plus complet et plus didactique, je n'entrerai point dans les détails de principes et de méthode auxquels ce dernier m'assujétira. Je demande seulement qu'avant que de lire cette seconde partie, on se donne la peine de lire avec soin celle qui la précède; car cette dernière sert de base à l'autre, et je veux, autant que je le pourrai, éviter les répétitions.

Marcher ou *combattre* : c'est à l'un ou à l'autre de ces objets qu'ont rapport tous les mouvemens d'une armée. Je vais donc commencer par poser les principes sur lesquels est fondée la théorie des marches et des ordres de bataille; cette théorie déduite, je rassemblerai les différentes armes, j'en formerai une armée, je ferai exécuter à cette armée toutes les combinaisons possibles de marche et de combat. C'est-à-dire qu'après avoir établi les grandes et principales règles de la théorie, j'en développerai la pratique en traçant, à cet effet, le plan en forme de journal d'un camp d'instruction, qui sera l'école de la grande tactique et de toutes les opérations relatives à la guerre de campagne.

ESSAI GÉNÉRAL
DE
TACTIQUE.

GRANDE TACTIQUE.

CHAPITRE PREMIER.

Marches d'armée.

PAR marche d'armée, il faut entendre tous les mouvemens quelconques que peut faire une armée ; et, la chose envisagée sous ce vaste point de vue, elle devient une des plus grandes et des plus importantes parties de la science militaire ; c'est par les marches qu'une armée agit, se transportant d'une position à une autre, envahit, ou couvre de grandes étendues de pays ; c'est par les marches qu'elle surprend l'ennemi, qu'elle le prévient dans un point intéressant : ce sont les marches qui la conduisent à la formation de tous les ordres de bataille et de toutes les dispositions offensives.

A mesure que la science de la guerre se perfectionne, en proportion de ce que les armées sont commandées par des généraux plus habiles, les marches deviennent plus importantes à bien combiner et à bien exécuter, plus fréquentes, plus décisives. Elles deviennent plus décisives en ce qu'elles ont toujours alors un objet prochain, ou éloigné : comme de faire une diversion, et de porter la guerre sur un point inattendu, ou de conduire à une action offensive, ou d'engager l'ennemi à un contre-mouvement qui le mette en prise, soit en tout, soit en partie. Elles deviennent plus fréquentes en ce que l'homme de génie peut rarement rester dans l'inaction ; son esprit apperçoit plus d'objets, embrasse plus de combinaisons ; et là, par conséquent, où le général médiocre ne voit que sa position à garder, ou l'impossibilité d'agir, il se présente, à l'imagination du premier, un mouvement avantageux qu'il exécute. Elles deviennent plus importantes à bien combiner et à bien exécuter, parce que leur succès dépend de leur combinaison et de leur exécution, tant dans l'ensemble que dans les détails ; parce que des fautes dans leur combinaison ou dans leur exécution, soit générale, soit intérieure, peuvent être adroitement saisies par l'ennemi, faire manquer ce succès, et mettre l'armée en prise. Je vais faire voir, par des exemples, la vérité de ce que j'ai dit ci-dessus, et comment au contraire les marches sont à peine des opérations dans des armées ignorantes et mal commandées.

Chez les Romains (car, parmi les peuples de l'antiquité, il faut chercher celui dont l'histoire militaire est la moins douteuse) jusqu'au milieu de la seconde guerre punique, la science des marches n'étoit pas connue. J'entends particulièrement la science des *marches-manœuvres ;* terme que je fais, parce qu'il exprime mon idée. Une armée sortoit de Rome, alloit au-devant de l'ennemi, marchant sur une seule colonne, et suivant le chemin qui conduisoit vers lui : l'ennemi en faisoit autant de son côté : les deux armées se rencontroient, se mettoient en ordre de bataille, s'attaquoient, ou bien se campoient l'une vis-à-vis de l'autre : là, pendant quelques jours, on se harceloit, on cherchoit mutuellement à s'attirer dans un champ de bataille désavantageux entre les deux camps : enfin le combat s'engageoit ; vainqueur, on assiégeoit la capitale, ou une des principales villes : si on ne pouvoit s'en emparer, on ravageoit le pays, et on se retiroit : l'année suivante les armées se rassembloient de nouveau pour recommencer des hostilités dans le même genre. Telles furent les guerres de Rome avec les Samnites, les Fidénates, les Volsques et tous les peuples du Latium. Telles furent celles de tous ces petits États de la Grèce, sur les évènemens militaires desquels l'histoire a jeté trop de merveilleux et de célébrité.

Ce ne fut que dans les guerres puniques que les armées Romaines commencèrent à faire la guerre avec plus de méthode et de combinaison. Amilcar, le père du fameux Annibal, fut particulièrement celui qui imagina le premier de mettre un certain ordre dans les marches, de diviser son armée, de la mouvoir sur plusieurs colonnes, afin que la marche fût plus prompte, et que l'ordre de bataille fût plus rapidement formé. Annibal ajouta à ce qu'avoit imaginé son père, et ce furent ces ennemis redoutables qui, à force de vaincre les Romains, leur apprirent la science des marches; comme Pyrrhus, en les battant, leur enseigna à camper, à se retrancher, à perfectionner leur ordonnance. Pourquoi appela-t-on si justement Fabius le *bouclier des Romains?* Ce fut à cause de cette campagne de marches et de mouvemens qu'il fit vis-à-vis d'Annibal; genre de guerre qui leur parut si nouveau, que, quoiqu'il sauvât la patrie, ils blâmoient cette défensive dont ils ne connoissoient pas la sublimité.

Rapprochons-nous de nos siècles, nous y verrons de même, que ce n'est que quand l'art de la guerre s'est perfectionné, que les armées ont commencé à marcher avec quelque combinaison. Nous y verrons, ce que j'ai avancé ci-dessus, que les généraux ont toujours fait plus d'usage de la guerre de marches et de mouvemens, en raison de ce qu'ils ont été plus habiles, et qu'ils ont eu devant eux des ennemis plus éclairés. Jusqu'à l'époque de Gustave et de Nassau, qui furent les restaurateurs de l'art militaire en Europe, il n'y avoit dans les armées, ni mouvemens, ni marches combinées : on se joignoit, on se battoit, il se faisoit peut-être plus d'actions personnelles, plus d'actions d'héroïsme ; mais il n'y avoit ni plans de campagne, ni vues, ni projets à plusieurs branches. Qu'on lise toutes les guerres entre l'Angleterre et la France, celles de Charles V et de François I, les deux Princes de l'Europe qui étoient les plus puissans alors, et qui avoient les meilleures troupes ; qu'on lise le récit des batailles de Bovines, de Poitiers, de Crécy, d'Azincourt, celui des Croisades, on verra comment se remuoient les armées de ces temps ; comment elles combattoient ; quels étoient leurs ordres de marche. Ils se faisoient sur une seule colonne, les armées étant partagées en trois corps, dont la tête s'appeloit l'*avant-garde*, le centre, le *corps de bataille*, la queue *arrière-garde*. Falloit-il se mettre en ordre de bataille ? Un jour ne suffisoit pas pour débrouiller cette masse, et pour former la disposition de combat. Le plus souvent l'avant-garde, composée de gens de trait et des enfans perdus, engageoit l'action, tandis que le corps de bataille, composé de la gendarmerie et de la noblesse, s'avançoit pour le soutenir : la méprisable infanterie des communes arrivoit ensuite, ou plutôt n'arrivoit qu'après le combat, et pour fuir ou pour piller. Telle est, à-peu-près, encore aujourd'hui la disposition des armées Ottomanes restées, heureusement pour l'Europe, dans l'ignorance où l'on étoit alors.

Sous Gustave et sous Nassau, on commença à s'éclairer sur les ordres de marche, on en sentoit la conséquence ; Gustave en exécuta quelques-uns sur plusieurs colonnes ; et il faut lire, dans son histoire, quel ordre et quelles précautions il y recommandoit à ses troupes. Le duc de Rohan, dans son *parfait Capitaine*, conseille aussi de les exécuter sur plusieurs colonnes, pour rendre, dit-il, les mouvemens moins fatigans et plus prompts. Il s'en falloit bien cependant que cette multiplication de colonnes fût nécessaire alors, comme aujourd'hui que les armées sont plus nombreuses, et que l'ordonnance étant plus mince, leur front est plus étendu. Mais ce n'est pas sur les détails intérieurs, sur le mécanisme des marches, que se firent les plus grands progrès; ce qu'il faut remarquer et méditer dans la conduite de Gustave et des grands généraux de son siècle, c'est la conduite de leurs campagnes, la hardiesse de leurs expéditions, le parti qu'ils savoient tirer de leurs petites armées, la grandeur de leurs projets, la rapidité avec laquelle ils portoient la guerre d'une province à l'autre; c'est ce nouveau genre de guerre, plus en mouvemens et en science qu'en combats, dont ils furent les créateurs. Gustave, et après lui ses généraux, se soutenant en Allemagne avec une poignée de Suédois, rappellent Annibal au milieu de l'Italie.

Mais rapprochons-nous encore plus de notre temps. Voyons Turenne, voyons Montécuculli, les deux derniers grands hommes qui commandèrent, et préférèrent de commander de petites armées. Quel fut leur genre de guerre? Celui dont je viens de parler. Comment se passa cette fameuse campagne qui termina la vie de l'un et la carrière militaire de l'autre? En marches et en contremarches, les deux armées étant sans cesse en mouvement, se côtoyant, se tenant sans cesse en mesure de s'attaquer, et cela dans un espace de pays de dix ou douze lieues de long, sur quatre ou cinq de large; dans un pays couvert et coupé, où des généraux médiocres ne manqueroient pas de faire une guerre de positions. J'aurai occasion de revenir, dans la suite de cet ouvrage, sur la différence bien grande d'une défensive de positions, à une défensive de mouvemens. Ce sont les marches qui sont l'objet de mon examen actuel.

Après la mort de M. de Turenne, il n'y eut plus de petites armées, chargées de grandes opérations. L'ambition de Louis XIV voulant envahir à la fois plusieurs pays, il avoit déjà commencé quelque temps auparavant, dans la guerre de Hollande, à former plusieurs corps d'armée; cela ne fit dès-lors qu'augmenter, et toute l'Europe à l'envi leva des armées plus nombreuses. Avec le nombre des troupes on accrut celui de l'artillerie. Il fallut des équipages de vivres proportionnés. Il auroit été nécessaire qu'en raison de ces accroissemens énormes d'hommes et d'embarras, la tactique fit des progrès; qu'elle en fit particulièrement sur la partie des marches. Elle n'en fit pas. Des généraux médiocres se trouvèrent chargés de plus grandes masses, et alors le genre de guerre changea; ne pouvant et ne sachant pas les remuer, étant la plupart du temps embarrassés de les nourrir, ils firent moins de marches, ils renoncèrent à la guerre de mouvemens : ils introduisirent celle de positions. Se trouvèrent-ils inférieurs; ils s'enfermèrent dans des lignes, dans des camps retranchés : en un mot, il ne se fit plus rien de hardi, rien de décisif : on ne fit plus ce que j'appelle la grande guerre.

Au milieu de cette quantité de généraux qui ont commandé les armées Françoises depuis cette époque, s'il en a paru quelques-uns de plus heureux, c'est parce qu'ils se sont rapprochés des anciens principes. Ce fut par des marches hardies et rapides que Vendôme conserva la couronne d'Espagne à Philippe V. Ce fut une marche offensive qui sauva la France à Denain; ce fut par une campagne de marches et de mouvemens, que Créqui s'immortalisa sur la Sarre et sur la Moselle. Mais, pour parler du général de Louis XIV, qui, commandant de grandes armées, sut le mieux les remuer, le Maréchal de Luxembourg, il faut voir dans ses Campagnes, il faut lire dans ses dépêches, combien il croyoit les marches importantes, combien il leur a dû de succès. Ce fut sous lui, ce fut, étant maréchal-général des logis de son armée, que le maréchal de Puiségur jeta le plan d'une partie de ces combinaisons de marches qu'il développa depuis dans son Traité sur l'art de la guerre. C'est une théorie bien imparfaite, bien compliquée, que celle du maréchal; mais alors elle n'étoit pas sans mérite : elle apportoit quelques lumières au milieu des ténèbres. Il eût même été heureux qu'elle eût paru plutôt, et qu'elle eût été méditée : c'étoit enfin le premier ouvrage dogmatique sur la grande tactique des armées. Les ignorans le regardèrent comme un chef-d'œuvre, les gens instruits, les gens de guerre, y virent beaucoup d'erreurs à côté d'un petit nombre de vérités : ils sentirent que le maréchal n'avoit pas touché le but; que notre tactique étoit vicieuse; qu'elle avoit besoin d'être changée, d'être refondue par un homme de génie. Le maréchal de Saxe, qui auroit pu faire cette révolution, qui l'auroit peut-être faite s'il avoit vécu, s'il avoit joint plus d'amour du travail à ses grandes qualités pour la guerre, sentoit ce besoin. Il le disoit souvent : il écrivoit en 1750 à M. d'Argenson, que toutes les troupes de l'Europe, aux Prussiennes près, qui commençoient à s'éclairer, étoient mal constituées, et incapables d'exécuter de grandes manœuvres. Il le répète dans ses Rêveries : on y voit combien il est indigné de la lenteur de nos marches, de notre ignorance, de notre maladresse à prendre un ordre de bataille. C'est à ce sujet qu'il dit : *Tout le secret de l'exercice, tout celui de la guerre est dans les jambes.* J'ai déjà cité ailleurs cette expression obscure en apparence, mais qui me semble renfermer un sens bien profond et bien juste.

Ce vice, que le maréchal de Saxe sentoit être dans la constitution de nos troupes, dans la théorie de nos marches et de nos ordres de bataille, M. le maréchal de Broglie le sentit de même, quand il parvint au commandement de l'armée. Il y établit en conséquence un ordre nouveau : il la partagea en plusieurs divisions. De cette organisation, dont la plupart des gens n'apperçurent pas l'objet, on vit résulter plus de célérité dans les marches, moins de fatigue pour les troupes, plus de discipline dans les camps ; mais le maréchal n'eut pas le temps d'achever son ouvrage : ce n'est pas d'ailleurs en deux campagnes et au milieu du tumulte des opérations de la guerre, qu'on peut changer la tactique d'une armée et former des officiers généraux ; ce n'est pas surtout en France, qu'une pareille révolution peut se faire, et il n'y a qu'un roi général qui pourroit l'exécuter.

La Prusse en avoit un de cette espèce, et c'est-là ce qui la fit lutter avec avantage contre la ligue qui la menaçoit. Les vérités qu'on entrevoyoit ailleurs, sans faire de pas décisifs vers elles, le roi de Prusse les avoit vues à son arrivée au trône, et il avoit en conséquence profité de la paix, pour instruire ses troupes ; elles étoient les mieux ordonnées et les plus manœuvrières de l'Europe : elles avoient une tactique particulière de marches et de déployemens. Dans son armée seule, étoient des officiers généraux qui sussent conduire une colonne, manier des troupes, et concourir à l'exécution d'un ordre de bataille : on en a vu le résultat. Par son armée seule, ont été faits de grands et hardis mouvemens. On l'a vu, à la tête de cette armée, voler de l'Elbe en Silésie, de la Silésie vers les Russes. On l'a vu, à la tête de cette armée surprise et battue, s'arrêter à deux lieues du champ de bataille, et présenter un nouveau combat. On l'a vu, à Torgau, perdre la bataille, s'appercevoir, en se retirant, d'un faux mouvement fait par les Autrichiens, d'une hauteur mal-à-propos dégarnie, y faire remarcher des troupes, s'en emparer, reporter toute son armée à l'appui, et forcer les Autrichiens à se retirer derrière l'Elbe. Enfin, par-tout où il a fallu manœuvrer, par-tout où le succès a dépendu de l'intelligence et de la rapidité des marches, le succès a été pour lui. Sans doute il n'auroit pas tant osé, il ne l'auroit pu, s'il avoit eu des troupes moins manœuvrières, des officiers généraux moins en état de le seconder ; car quelle action tirer d'une machine dont les ressorts ne seroient susceptibles, ni de jeu, ni de combinaison ?

J'ose avancer cependant que le roi de Prusse n'a pas épuisé toutes les combinaisons de l'art ; et que, sur la grande tactique, sur la partie des marches principalement, il reste beaucoup de progrès à faire. Cette assertion est bien hardie ; je tâcherai de l'appuyer par des preuves.

Il faut d'abord distinguer les différentes espèces de marches qu'une armée est dans le cas d'exécuter.

Ce peuvent être des marches simples et faites hors de la portée de l'ennemi, avec l'objet de se porter commodément vers un point. Dans cette espèce de marches, qu'on peut appeler *marches de route*, et que les armées sont quelquefois dans le cas de faire, soit au commencement des campagnes, en se rapprochant de l'ennemi; soit à la fin des campagnes, en se séparant mutuellement; soit dans ces momens où les opérations ont éloigné les armées les unes des autres, et les ont mises respectivement hors de mesure, il n'entre que des combinaisons simples, et qui doivent être uniquement relatives à la moindre fatigue et à la plus grande commodité des troupes.

Ce peuvent être des marches hors de la portée de l'ennemi, mais dont le but soit de le prévenir sur un point, ou de s'emparer rapidement d'un poste, ou de porter du secours à un objet menacé, ou de changer sans qu'il s'y attende, le théâtre de la guerre : dans ce cas, il faut que les marches soient combinées de manière à se procurer toute la célérité possible, à faire forcer des journées, s'il est nécessaire, à la totalité de l'armée, ou du moins à un corps de troupes, à l'appui duquel on puisse arriver à temps avec le reste de ses forces. Il faut savoir s'écarter des principes ordinaires; et, pour cet effet, si cela peut rendre la marche plus rapide et plus commode, séparer l'armée en plusieurs corps qui se réunissent sur le point, ou à portée du point médité : il faut enfin calculer qu'étant hors de la portée de l'ennemi, et ayant pour objet d'arriver, il faut gagner en vîtesse ce dont on se relâche en méthode, et faire de la célérité l'objet principal et unique de ses combinaisons.

Ce peuvent être des *marches-manœuvres*, c'est-à-dire, des marches faites à portée de l'ennemi, et par conséquent, dans l'objet de prendre, s'il est besoin, un ordre de bataille. Cette dernière espèce de marche, sur laquelle je vais entrer dans des détails étendus, est la plus importante, et celle qui exige le plus de combinaisons; puisqu'il s'agit à la fois d'y calculer la nature du pays qu'on traverse, celle du pays où l'on doit aboutir, l'espèce d'arme dans laquelle on est supérieur; la qualité des troupes de l'armée; la disposition qu'on veut prendre, soit qu'on doive attaquer, soit qu'on doive se défendre; le plus ou le moins d'habileté de l'ennemi; sa position; ses vues; la distance à laquelle il est; la dextérité plus ou moins grande de ses troupes à prendre un ordre de bataille. Cette espèce de marches, en un mot, est la préparation à la plus grande opération militaire qu'il y ait, à la formation des ordres de bataille, aux batailles qui en sont la suite; car les mouvemens, par lesquels l'armée passe de l'ordre de marche à l'ordre de bataille, sont tellement liés aux combinaisons de l'ordre de marche, qu'on doit les regarder comme une seule et même opération. Je ferai voir comment cet enchaînement existe. Commençons par établir des règles sur le premier objet dont on doit s'occuper pour mettre une armée en marche; je veux dire l'*ouverture des chemins.* Nous en déduirons la manière dont l'armée doit se former en ordre de marche; cela nous menera à poser les principes des mouvemens qui doivent la mettre en ordre de bataille. Cette théorie est particulièrement relative à la troisième espèce de marche, dont j'ai parlé ci-dessus, et ne peut, qu'en quelques points, être appliquée aux deux autres, puisqu'elles n'ont pas pour but de conduire l'armée à une disposition de combat.

CHAPITRE II.

Ouverture des Marches.

UNE armée rangée dans l'ordonnance actuelle, et sur-tout une armée composée, comme le sont aujourd'hui les nôtres, de beaucoup d'hommes, de chevaux, d'attirails et d'embarras, ne peut se mouvoir, et, à plus forte raison, exécuter une marche en ligne, trouvât-elle même des plaines assez vastes et assez continues pour la recevoir ; car l'étendue de son front rendroit les mouvemens si lourds et si lents qu'ils seroient impraticables.

Elle ne peut se mouvoir sur une seule colonne, parce que l'immense alongement de cette colonne ralentiroit la marche, augmenteroit la fatigue des troupes, et mettroit l'armée en danger d'être battue et renversée avant qu'elle pût se former.

Il faut donc que, pour exécuter une marche, l'armée se partage en plusieurs corps ou colonnes, qui, suivant chacun des chemins différens, arrivent sur la même direction, et soient en mesure de pouvoir, par des mouvemens combinés entr'eux, prendre une disposition générale de combat. Quand je dis sur la même direction, c'est-à-dire, vers le même objet; car la disposition de la marche peut être telle qu'on veuille porter une partie de l'armée sur le flanc de l'ennemi, tandis qu'on en portera le reste sur son front; et alors, quoique la direction de toutes les colonnes ne soit pas précisément la même, toutes cependant concourent au même objet, qui est de prendre un ordre de bataille et d'attaquer l'ennemi.

Les marches d'armée devant s'exécuter sur plusieurs colonnes, il faut qu'en conséquence chacune de ces colonnes ait un chemin ouvert ou reconnu, ou du moins une direction sur laquelle elle puisse s'avancer à l'aide des travailleurs qui sont à sa tête. J'établis ces différences; parce qu'il est possible que le défaut de temps ou l'ennemi n'aient pas permis d'ouvrir le chemin à l'avance, ou qu'ils aient permis de le reconnoître seulement et non de l'ouvrir; ou qu'enfin, le chemin n'ayant pu être ni reconnu ni ouvert, il faille s'avancer sur une direction projetée, en reconnoissant et préparant, chemin faisant, son débouché. Ce dernier cas arrive communément lorsqu'on marche pour donner bataille à l'ennemi, et que cet ennemi a en avant de lui des corps et postes détachés qu'il faut attaquer et replier successivement.

Le nombre de colonnes sur lequel une armée doit marcher, et par conséquent celui des débouchés qu'il faut ouvrir, doit être en proportion de la force de cette armée et du nombre de divisions dans lequel le général l'aura partagée; je dirai dans le chapitre suivant pourquoi il faut partager une armée en plusieurs divisions, quelle est la proportion qu'il faut observer à cet égard; comment, cette base prise, il faut, autant que les circonstances le permettent, combiner sur elle ses ordres de marche, former une colonne de chaque division, et se tenir, en formant par-là toutes les parties de sa disposition de la même force, en mesure de pouvoir prendre tel ordre de bataille, et de se renforcer sur tel ou tel point de cet ordre de bataille que l'on juge à propos.

Pour qu'une armée ne soit que le moins qu'il est possible dans le cas de faire des marches sans que ses débouchés soient préparés, il faut, quand cette armée arrive dans une position, que le maréchal-général des logis s'occupe d'abord de faire ouvrir des marches sur toutes les directions que les circonstances ultérieures pourroient l'obliger à suivre. Cette méthode remplit à la fois l'objet de parer à l'avenir, et celui de cacher à l'ennemi le mouvement qu'on projette. Si au lieu de cela on ne fait ouvrir de marches que sur la direction indiquée par la circonstance momentanée ou prévue, on découvre les vues qu'on peut avoir, et ces vues n'ayant qu'à changer, on se trouve obligé de faire une marche incommode et pénible. Ce principe au reste est soumis aux évènemens; car quelquefois on ne séjourne pas dans une position, et à peine a-t-on le temps d'ouvrir la marche du lendemain. Quelquefois l'ennemi occupe, par des postes considérables, ou par des corps détachés, le pays où la marche doit s'exécuter, et alors elle ne peut se faire qu'en s'avançant à lui, et en combattant, s'il résiste. Quelquefois il est avantageux de donner le change à l'ennemi, en faisant ouvrir une marche sur un point vers lequel on ne veut pas se porter, tandis que l'on en fait reconnoître secrètement une autre vers celui sur lequel on veut lui dérober un mouvement. D'autres fois les circonstances et les positions respectives des armées sont telles que, si elles remuent, ce ne peut être que pour se porter vers un objet indiqué; alors il est inutile de se fatiguer à ouvrir des marches vers les autres points. D'autres fois on est en défensive absolue et déterminée, de manière à ne pouvoir ou à ne vouloir faire de mouvemens qu'en arrière de soi; alors il est certainement inutile d'ouvrir des marches en avant, puisque ce ne seroit que fournir à l'ennemi des débouchés offensifs. Pour l'éclaircissement du principe que j'ai exposé au commencement de cet article, il faut enfin conclure qu'il peut y avoir des occasions où il est inutile, et même impossible d'ouvrir des marches sur toutes les directions; mais que du moins il est important que toutes les directions soient reconnues par les officiers de l'état-major, ou si cela ne se peut, par des renseignemens pris avec les gens du pays; il faut conclure que le maréchal-général des logis doit se faire un tableau exact de ces itinéraires et reconnoissances, de façon à ne jamais quitter une position sans avoir poussé des rayons par ses reconnoissances ou par les renseignemens qu'il prendra sur toutes les directions environnantes, et à parvenir, par ce moyen, à la plus parfaite connoissance possible du théâtre de la guerre.

Disons maintenant comment les marches d'armée doivent être ouvertes, et remontons pour cela aux premiers principes de la marche des troupes. Un bataillon ne peut se mouvoir que perpendiculairement ou parallèlement au terrein qu'il occupe. Il en est ainsi d'une armée. Les ordres de marches se réduisent conséquemment à deux espèces, *marches de front*, et *marches de flanc*; ces deux espèces exigent des précautions et des combinaisons absolument différentes. On va voir comment, faute d'établir cette distinction et de calculer en conséquence, la routine la plus vicieuse a jusqu'ici ouvert les marches, et mis nos armées en danger d'être battues, si les armées opposées avoient été plus savantes et plus manoeuvrières.

Toutes les fois que l'armée doit exécuter une marche de front, soit en avant ou en arrière, le front de cette marche doit être égal à l'étendue du terrein qu'occupe l'armée en bataille; c'est-à-dire, qu'il doit y avoir de la colonne de droite à celle de gauche, le terrein nécessaire pour que l'armée puisse s'y déployer.

Toutes les fois au contraire que l'armée doit marcher par son flanc, comme son mouvement doit s'exécuter alors, chaque ligne ou chaque moitié de ligne formant une colonne, les débouchés doivent être ouverts très-rapprochés l'un de l'autre, de manière que les colonnes du dedans de la marche soient le plus près possible de la colonne extérieure, et par conséquent de la parallèle sur laquelle l'armée seroit obligée de se former.

Dans les marches de front il n'est pas nécessaire, et il est même impossible, à moins que l'armée ne marche dans une plaine totalement dégagée d'obstacles, que les débouchés soient toujours ouverts à une distance exactement combinée sur la force des colonnes qui doivent y marcher. Il suffit qu'en arrivant sur les points où l'armée peut ou doit se former, les colonnes se rapprochent le plus qu'il est possible de cette distance. J'éclaircirai ci-après ce principe.

Toutes les fois qu'il est question d'ouvrir une marche, le maréchal-général des logis doit voir par la position de l'armée, par celle de l'ennemi, par la situation du point vers lequel on veut se porter, si cette marche est de *front* ou de *flanc*, afin de pouvoir en conséquence diriger l'instruction et l'opération des aides-maréchaux des logis chargés de préparer les débouchés. Si c'est une marche de front, et qui se fasse à portée d'un ennemi entreprenant et manoeuvrier, le maréchal-général des logis doit reconnoître l'ensemble et le front du pays que les colonnes traversent, et pour cet effet le parcourir transversalement de la droite à la gauche, toutes les fois que le terrein paroît permettre aux colonnes de déployer, afin de reconnoître sur le front de la marche une ou plusieurs positions successives où l'armée puisse se former, dans la supposition que l'ennemi arrive inopinément sur elles, et de diriger, en conséquence de ces reconnoissances, les opérations des aides-maréchaux généraux des logis, qui font ouvrir ou tracer les débouchés derrière lui.

Les mêmes précautions doivent être prises en longeant le flanc extérieur de la marche, quand l'armée doit faire une marche par ses ailes.

Le principe exposé ci-dessus est trop important pour que je ne cherche à répandre sur lui toute la clarté possible. Supposons donc qu'au milieu du pays représenté *Planche* I, je sois chargé de diriger l'ouverture d'une marche pour porter l'armée vers l'ennemi, campé en B : je jette les yeux sur les circonstances de cette marche, je vois que c'est une marche de front dont il s'agit, je vois que cette marche est délicate, en ce que l'ennemi est en mesure de pouvoir venir au-devant de l'armée, et l'attaquer dans son mouvement; je l'ouvre en conséquence avec toutes les précautions indiquées par les maximes précédentes, et pour cet effet voici comment je procède.

L'armée est formée en six divisions, et c'est pour six colonnes que je veux préparer les débouchés. A la tête des travailleurs qui tracent et ouvrent chacun de ces débouchés, je place un officier intelligent et habitué à cette espèce de travail, et de ma personne je me porte en avant du front de la marche. Celui du camp de l'armée se trouve d'abord être une plaine unie et sans obstacles; mes débouchés s'avancent donc rapidement, partant tous six de la droite ou de la gauche des divisions; tous six proportionnés, pour leur distance entr'eux, à la force des divisions; tous six enfin embrassant, depuis celui de la droite jusqu'à celui de la gauche, le terrein qui seroit nécessaire pour former l'armée. A une lieue du camp le pays change, la plaine se rétrécit, des obstacles l'embarrassent ; alors la direction de chaque colonne devient subordonnée à ces obstacles, les colonnes s'éloignent ou se rapprochent l'une de l'autre, suivant la situation des débouchés qu'offre le pays, ou de ceux qu'il permet le plus facilement d'ouvrir. Là, deux colonnes se touchent presque ; ici, deux autres s'éloignent beaucoup au-delà de leurs distances naturelles, et cela ne fait rien à l'ensemble et à la sûreté de la marche ; car, où le pays devient couvert et se réduit à des débouchés, on ne doit pas craindre d'être obligé de prendre rapidement un ordre de bataille ; puisque la difficulté des débouchés empêcheroit également l'ennemi qui voudroit venir attaquer, d'y combiner une disposition. Cependant, chargé de la direction générale de l'ouverture de la marche, je suis, comme je l'ai dit ci-dessus, en avant des travailleurs pour en reconnoître le front, pour empêcher qu'aucune colonne ne s'écarte de la direction générale, pour raccorder ces colonnes entre elles aussitôt que le pays le permet, pour examiner quelles seroient les différentes positions intermédiaires que l'armée pourroit prendre et les dispositions qu'elle pourroit faire, si l'ennemi se présentoit pour l'attaquer et pour l'arrêter dans sa marche. A l'effet de remplir tous ces objets, je ne suis pas un seul chemin, une seule direction, je vais à vol d'oiseau et à travers champs. Du centre de la direction générale, qui est le point où je suis le plus à portée de reconnoître le front de la marche, j'observe à ma droite et à ma gauche. Si quelque obstacle gêne ma vue, si quelque hauteur peut la seconder et me donner une idée plus rassemblée, plus nette du pays, je m'y porte; enfin, j'avance par zigzags et de manière à embrasser toujours l'ensemble de la marche. Reprenons l'exemple et le plan sur lequel je démontre. Mes colonnes sont arrivées dans le pays difficile et couvert; là, chacun de mes officiers cherche son débouché; chacun d'eux connoît le but de la direction générale; chacun d'eux est muni de guides sûrs et intelligens; chacun d'eux est convenu, à l'avance avec moi, d'un signal différent, soit de poudre enflammée, de coups de fusil ou de tambour; chacun d'eux fait ce signal et le répète tous les quarts d'heure, lorsqu'il se trouve dans un pays couvert, et où il cesse de voir, ou en avant, ou autour de lui. Moi-même j'ai un signal que je fais quand je le juge nécessaire, et qui leur indique toujours le centre de la direction générale; par-là ils peuvent se raccorder et entr'eux et sur moi; je peux les raccorder à mon tour, je peux les diriger ainsi que mes reconnoissances me le font juger utile. Le pays s'ouvre et se dégage, mes colonnes se redressent et reprennent, en avançant, leurs distances primitives. Que l'ennemi se présente pour venir m'attaquer, le ruisseau qui est à ma gauche et le grand bois qui est à ma droite, me fournissent une position. Ce même ruisseau coule pendant une lieue dans la même direction que mon mouvement. J'y appuie ma colonne de gauche, afin d'en couvrir le flanc de la marche. Je vois au bout de cette lieue que le ruisseau retourne et s'éloigne; j'apperçois sur la droite de ma marche le terrein qui commence à s'élever, et qui va former une lisière de hauteurs qui reversent sur la plaine où l'armée doit marcher; je dirige le débouché de ma colonne de droite sur ces hauteurs, et je les lui fais toujours suivre à mi-penchant; je dis à mi-penchant, parce que là je suis maître des hauteurs, comme si j'en tenois le sommet, et que la marche en sera moins pénible pour les troupes. Au moyen de cette lisière de hauteurs, le reste de ma marche doit s'achever avec sûreté. L'ennemi ne viendra certainement pas m'attaquer par la plaine, tandis que je tiens les hauteurs qui la dominent; s'il vient m'attaquer par les hauteurs, je les occupe et nous sommes à deux de jeu; s'il veut m'empêcher de prendre la position D, E, j'arrive à la fois sur cette position par tous les débouchés de la plaine, et principalement par mes hauteurs de la droite qui la prennent à revers. S'il reste dans son camp, ces mêmes hauteurs me portent sur son flanc, et le jour même je combine un mouvement offensif sur lui. En voilà assez pour donner une idée de la manière dont doit se diriger l'ouverture d'une marche de *front*. Donnons, sur un autre plan, une idée de la manière dont il faut ouvrir celle de *flanc*.

L'armée est campée en G, et l'ennemi l'est en H (*Planche* II) : rien ne les sépare, et il est question pour cette première, de faire une marche par son flanc droit. En conséquence du principe que j'ai établi, je fais ouvrir deux ou quatre débouchés, de manière que l'armée fasse son mouvement, chaque ligne ou chaque moitié de ligne formant une colonne. Je fais ouvrir ces débouchés très-rapprochés l'un de l'autre, de sorte que les colonnes intérieures de la marche n'aient que le moins de terrein possible à parcourir pour se rapprocher de la parallèle sur laquelle doit se former la colonne extérieure, composée de la moitié ou de la totalité de la première ligne; je veille à ce que les officiers qui conduisent le tracé et l'ouverture de ces débouchés évitent de les éloigner ou de les séparer par des obstacles qui puissent empêcher les colonnes de se mettre en ordre de bataille. Si, comme en C, la nature du pays, ou le peu de temps qu'on a pour préparer les débouchés oblige à les éloigner, j'ai soin que, l'obstacle passé, ils se rapprochent peu-à-peu à la distance indiquée par les principes. S'il se présente en avant de mes débouchés un grand bois, comme en D, au lieu de le traverser ou de le laisser sur le flanc extérieur de ma marche, comme les chemins du pays sembleroient me l'indiquer, je fais passer mes colonnes en dehors de ce bois; je les dirige ainsi, parce qu'alors la lisière de ce bois m'offre une position, si l'ennemi vient à moi; parce que, mes colonnes la longeant, l'ennemi ne peut distinguer ni leur force, ni les dispositions que je lui opposerai; parce qu'enfin, n'ayant pas ce masque entre lui et moi, il ne peut ni me dérober ses mouvemens, ni faire sur moi une disposition offensive, ni m'empêcher, s'il se met en prise, de me former et de faire moi-même une disposition offensive sur lui. Si, deux lieues plus loin, il se présente sur mon flanc droit une lisière de hauteurs, je dirige mes colonnes à droite et je continue ma marche sur elles, etc. Enfin, par une conséquence du principe que j'ai suivi dans l'ouverture de la marche de front, je conduis l'ensemble de l'ouverture de la marche de flanc, en reconnoissant le pays qui est sur le flanc de la marche, et en m'occupant d'y chercher successivement une ou plusieurs positions intermédiaires où l'armée puisse se former, si l'ennemi se présente à elle.

Il me reste à parler de l'ouverture des débouchés des colonnes, considérée en elle-même et relativement à la largeur qu'on doit donner à ces débouchés. Il faut souvent à la guerre, sur cet objet comme sur tant d'autres, recevoir la loi de la nature du pays, du temps et des moyens qu'on a. Mais règle générale, et à laquelle il est important de s'assujétir toutes les fois que cela est possible, leur largeur doit être relative aux principes de Tactique, d'après lesquels les troupes doivent marcher. Or, comme dans l'exposition de ces principes il a été fixé et démontré que les colonnes de marche doivent être habituellement formées par pelotons, c'est-à-dire, pour parler un langage plus précis et qui puisse s'appliquer à toutes les constitutions, par fractions de douze ou quinze hommes de front; il faut que les débouchés aient vingt ou vingt-cinq pas de largeur, de manière que non-seulement les soldats puissent y marcher avec liberté, mais que les officiers puissent cheminer à cheval, à droite et à gauche de la colonne, ou tout au moins sur un des flancs : je dirai ailleurs pourquoi ils ne doivent pas marcher dans les intervalles des pelotons. Dans de pareils chemins la cavalerie pourra marcher par quatre ou par huit, les officiers marchant de même sur les flancs de la colonne, et jamais dans les intervalles des compagnies. L'artillerie et les voitures auront assez d'espace pour marcher sur deux voitures de front, ou tout au moins pour que, marchant sur une seule, la colonne ne soit pas arrêtée par un accident. Les chevaux ou mulets d'équipage pourront enfin marcher sur deux ou sur quatre de front. Je reviendrai avec détail sur cet objet, en traitant de la disposition des ordres de marche.

Mais, comme je l'ai dit ci-dessus, souvent le défaut de temps et de moyens, la nature du pays, empêchent d'ouvrir des marches à l'avance et avec tant de soins; quelquefois les colonnes sont obligées d'ouvrir leurs débouchés, chemin faisant, et par le moyen des travailleurs qui sont à leur tête; alors la nécessité fait loi, alors c'est à l'intelligence et à l'activité de celui qui dirige la marche de la colonne, à prévoir les directions les plus courtes, à percer dans les endroits les moins difficiles, à faire hâter le travail. La conduite de ce travail exige des officiers qui en aient l'habitude et l'intelligence; car rien n'est minutieux à la guerre, rien ne s'y fait bien sans intelligence et habitude. Je dis cela par rapport aux gens qui dédaignent le talent d'un homme qui sait bien ouvrir une colonne de marche, et en dresser l'itinéraire. Ces gens-là ne calculent pas que d'un itinéraire plus ou moins exactement dressé, d'une colonne plus ou moins bien ouverte, dépendent le plus ou le moins de célérité d'une marche, le plus ou le moins de fatigue des troupes, la certitude de l'exécution du mouvement d'une colonne, et souvent le succès d'une grande opération.

Voilà un chapitre qui m'a fait entrer dans quelques-uns des détails de la charge de maréchal-général des logis d'une armée; détails immenses sur lesquels il n'y a rien d'écrit, sur lesquels il reste beaucoup à imaginer, et presque tout à réduire en principes.

CHAPITRE III.

De la Disposition des ordres de Marche.

Je viens de dire comment les débouchés des marches d'armée doivent être reconnus et ouverts ; il s'agit maintenant d'exposer les différentes manières dont une armée peut être disposée en ordre de marche. Commençons par expliquer, ainsi que je l'ai promis, comment cette armée doit être divisée, quel est l'objet de cette division, et sur quelle proportion il faut la déterminer.

Pour qu'une grande masse puisse être mue avec plus de facilité, il faut la partager, s'il est possible, en plusieurs parties ; alors chacune de ces parties est susceptible de recevoir plus de mouvement et d'action ; alors on peut, par des forces combinées et multipliées, agir sur toutes ces parties à la fois : il en est ainsi d'une armée. Qu'on veuille la mouvoir en masse, elle sera mal-adroite, lente, incapable de grandes manœuvres ; qu'on la partage en plusieurs corps, chacun d'eux agira séparément avec plus d'ordre et de célérité; tous pourront agir à la fois et concourir à l'exécution d'un mouvement général. Je parlerai ailleurs des avantages qu'une décision pareille procure, soit relativement à la simplicité du service et à la discipline, soit par rapport à la diminution de détails et d'embarras qui en résulte pour le général.

A l'égard de la proportion sur laquelle le partage d'une armée en divisions doit être fondé, la mécanique va encore me fournir une démonstration sensible. Si, voulant organiser une machine, on en fait les mobiles trop nombreux et trop foibles, on complique les détails de cette machine et on diminue sa force. Si on les fait trop peu nombreux et trop solides, ils deviennent susceptibles de trop peu d'action, soit en force, soit en vîtesse. Il en est de même d'une armée : si, en composant ses divisions d'un trop petit nombre de troupes, on la forme d'un trop grand nombre de divisions, on tombe dans la complication, on manque d'hommes capables de conduire ces divisions, on a de la peine à combiner tant de mouvemens séparés. Si, en composant les divisions d'un trop grand nombre de troupes, on forme l'armée d'un trop petit nombre de divisions, chacune d'elles restant encore trop massive et trop pesante, l'opération ne remplit pas son objet, qui est d'alléger et de mettre en état d'agir. Il existe au milieu de ces extrêmes une moyenne qu'un raisonnement simple va faire trouver.

Pourquoi partage-t-on une armée en plusieurs divisions ? C'est par la même raison qu'on divise un régiment en plusieurs bataillons. Les divisions composées toutes également d'un certain nombre de régimens de première et de seconde ligne, font partie de l'armée, comme le bataillon fait partie d'un régiment ; les divisions sont chacune aux ordres d'un officier-général qui les commande, qui est chargé de leur police, discipline, et en rend compte au général de l'armée. On voit de-là combien cette formation élague et simplifie les détails. L'armée se met-elle en marche ? Chaque division forme sa colonne. Arrive-t-on au camp ? chaque division y prend sa place. L'ordre de marche a-t-il pour but de conduire à un ordre de bataille ? Comme toutes les parties de cet ordre de marche sont égales entr'elles, le général peut, suivant les circonstances, combiner son déployement et les manœuvres intérieures qui le préparent, de manière à dégarnir et à renforcer telle ou telle partie de sa disposition qu'il juge à propos. Reprenons ma comparaison du partage d'un régiment en bataillons. La Tactique enseigne qu'il ne faut faire ces bataillons ni trop forts ni trop foibles, parce que dans ce premier cas ils seroient trop pesans, et que dans l'autre ils n'auroient pas assez de consistance. Je dois donc éviter les deux mêmes inconvéniens dans la formation des divisions d'une armée, et voici pour cet effet quelle est ma règle. Les divisions ont pour objet principal de simplifier les ordres de marche, et de faciliter, ainsi que d'accélérer les mouvemens par lesquels l'armée peut prendre un ordre de bataille; il faut par conséquent que, destinées à former ordinairement chacune une colonne, elles ne soient pas composées d'un trop grand nombre de troupes; alors elles seroient trop pesantes, trop lentes à se déployer et à concourir à l'exécution de l'ordre de bataille. Il ne faut pas non plus qu'elles soient composées d'un trop petit nombre de troupes; alors celui des divisions seroit trop multiplié, et il seroit pénible et souvent impraticable d'ouvrir assez de débouchés pour faire mouvoir l'armée. Je me répète peut-être, mais dans une exposition de principes, cela est quelquefois inévitable.

La véritable proportion du partage d'une armée, combinée sur les manœuvres de déployement et sur les vues de la grande Tactique, est de trois et au plus quatre divisions pour l'infanterie, indépendamment des ailes de cavalerie qui en formeront chacune une. Quant à la force des divisions, elle doit être au plus de vingt-quatre bataillons, dont moitié de première et moitié de seconde ligne, et jamais au-dessous de douze. Chaque aile de cavalerie devant former une division, il n'y a pas de bornes précises à lui assigner. Je donnerai dans la suite de cet ouvrage un exemple d'une armée divisée d'après ce principe, et exécutant tous les ordres de marche et de bataille possibles.

Expliquons maintenant avec le détail nécessaire, pourquoi il faut que les divisions soient égales, pourquoi il faut, autant qu'il est possible, que les dispositions de l'ordre de marche soient immuables. Ce sont ces divisions de la même force; ce sont, au moyen de cela, toutes les dispositions de l'ordre de marche égales entr'elles; c'est cet ordre de marche, autant que les circonstances le permettent, toujours le même, qui donnent au général la facilité de combiner dans le moment, et à la vue de l'ennemi, tel ou tel ordre de bataille qu'il juge à propos. J'ai dit dans tout cela, *autant que les circonstances le permettent*, car quelquefois il peut arriver que la nature du pays ne comportant pas d'ouvrir le nombre de débouchés nécessaire, on soit obligé de former les colonnes de plus d'une division. Quelquefois il s'agit d'un mouvement offensif dans un pays absolument ouvert, et dont le but est de prendre rapidement une disposition de combat; alors il n'y a nul inconvénient à multiplier les colonnes, à en former deux de la même division, puisque cela peut conduire à un déployement plus prompt. Quelquefois la marche doit s'exécuter à travers un pays où il faut nécessairement, pour la sûreté du mouvement, mettre de l'infanterie aux colonnes des ailes, et alors s'écarter de l'ordre habituel. D'autres fois elle doit conduire à une position dont tout le centre soit une plaine, et dont les ailes soient un pays couvert; alors, si l'on n'a pas à craindre d'être attaqué dans la marche, on s'écarte encore de l'ordre habituel, on forme les colonnes des ailes d'infanterie, et les colonnes du centre de cavalerie. Quelquefois enfin, il est question d'aller attaquer l'ennemi dans une position connue, et où il ne peut pas faire de changemens imprévus dans sa disposition; alors l'ordre de marche peut être combiné à l'avance sur l'ordre de bataille qu'on projette; alors, conséquemment il peut s'écarter de la disposition habituelle : les colonnes peuvent être d'inégale force et différemment combinées, suivant qu'on se propose d'attaquer avec une partie et de refuser les autres, de mettre là ou là telle ou telle espèce d'arme, en telle ou telle proportion. Voilà, comme on voit, plusieurs exceptions au principe ordinaire : exceptions qui, loin de le détruire, servent à l'éclaircir en annonçant les circonstances où il faut s'en écarter.

Le principe fondamental et habituel, je le répète, doit donc être de former autant de colonnes qu'il y a de divisions, afin que de cette égalité de toutes les parties de l'ordre de marche, il puisse en résulter la possibilité d'exécuter dans le moment un ordre de bataille renforcé ou dégarni dans tous les points que les circonstances indiqueront. Je démontrerai, en traitant des ordres de bataille, combien est immense l'avantage de ne faire ses dispositions qu'à la vue du terrein où l'on doit combattre, et des dispositions de l'ennemi. Je démontrerai combien il a été perdu de batailles, ou faute d'avoir eu ce principe, ou, quand même on l'auroit eu, faute d'une Tactique de déployemens et d'une habitude de manœuvres qui permissent de l'exécuter. Terminons ce qui concerne les ordres de marche.

Il s'ensuit de la théorie, et particulièrement du principe que je viens d'exposer, que les dispositions des ordres de marche doivent être presque toujours les mêmes, et que c'est au génie à tirer de ces dispositions un ordre de bataille combiné sur la nature des terreins et des circonstances. Voilà ce qui n'est certainement ni dans la théorie de M. de Puiségur, ni dans la routine actuelle de toutes nos armées; car les ordres de marche y sont toujours combinés sur l'ordre de bataille qu'on veut prendre. On forme le projet d'attaquer l'ennemi sur tel ou tel point de sa disposition, on règle en conséquence l'ordre de marche, on renforce telle ou telle colonne. Arrivé vis-à-vis de l'ennemi, on se met en bataille comme le dicte l'ordre de marche. Je dirai, au chapitre des ordres de bataille, les erreurs et les mauvais succès qui en résultent.

Il me reste à examiner quelle doit être la disposition intérieure des ordres de marche, relativement à la nature de la marche qu'on exécute, et aux différens mobiles qui composent les colonnes; ces mobiles sont les troupes, l'artillerie, les équipages. Je dirai donc successivement quelles doivent être les dispositions des troupes, de l'artillerie et des équipages dans les colonnes de marche.

CHAPITRE IV.

Disposition des Troupes dans les ordres de marche.

Je renverrai, pour tout ce qui concerne la formation des troupes en colonne de marche, et les mouvemens par lesquels elles doivent passer de l'ordre de marche à l'ordre de bataille, à ce que j'ai dit à ce sujet dans la tactique de l'infanterie au chapitre des formations en colonne et des formations en bataille, et dans l'essai sur la tactique de la cavalerie : j'y ai établi les différences de marche de front et de marche de flanc, les différentes manières dont les troupes des deux armes doivent se mettre en colonne relativement à ces différences, l'ordre dans lequel elles doivent marcher, les mouvemens préliminaires par lesquels elles devoient se préparer à se mettre en bataille, et enfin ceux par lesquels elles devoient se former et concourir à l'exécution d'une manœuvre combinée.

Tout étant dit et entendu sur ces objets, on voit comment il faut que les troupes qui composent une armée, forment les colonnes de marche. Elles se mettent en bataille devant leur camp, et se forment sur-le-champ en colonnes vers les directions qu'elles doivent suivre, observant de se mettre au pas libre et naturel, dès l'instant qu'elles sont formées, et de ne pas défiler en parade jusqu'à ce qu'elles soient hors du terrein du camp, ainsi que je l'ai vu pratiquer quelquefois ; coutume ridicule qui ne sert qu'à fatiguer le soldat, et qu'on doit supprimer tant en sortant des camps qu'en y entrant. Si la colonne n'est pas toute formée de troupes qui soient à côté l'une de l'autre, et à portée de se suivre sans interruption, il faut que la colonne attende, alongée sur sa direction, qu'elle ait été jointe par toutes les troupes qui doivent la composer, afin de s'ébranler tout à la fois au pas de route. De-là dépendent la commodité de la marche, la moindre fatigue des troupes, et la sûreté d'avoir la colonne rassemblée sur l'espace qu'elle doit occuper dans sa marche.

Quant à la manière dont les colonnes doivent être ordonnées entr'elles, c'est une chose simple, le principe habituel devant être de marcher comme on campe, et chaque division formant sa colonne. Lorsque quelque circonstance obligera à y déroger, cela sera dit et combiné dans l'ordre de marche. Cette disposition, qui regarde le maréchal-général des logis, est un travail facile, dont il suffit qu'il ait l'habitude; un travail qui deviendra plus facile encore au moyen des nouvelles méthodes de déployement et de la destruction du préjugé de l'inversion, et où il s'en faut, en un mot, qu'il soit besoin de tout ce fatras de calculs et de minuties dont le maréchal de Puysegur l'a compliqué.

CHAPITRE V.

Disposition de l'artillerie dans les ordres de marche.

On a vu dans la première partie de cet ouvrage, au chapitre de l'artillerie, comment cet accessoire devoit manœuvrer pour se mettre en colonne de marche, et se former en batterie. J'ai démontré que ces mouvemens pouvoient être absolument analogues à ceux des troupes. Il me reste à dire ici comment la quantité d'artillerie, que les armées traînent aujourd'hui à leur suite, doit être disposée pour ne pas embarrasser les marches et pour concourir à la formation d'un ordre de bataille.

Les mêmes raisons, qui m'ont fait soutenir le systême du partage de l'armée en plusieurs divisions, exigent que l'artillerie soit divisée dans la même proportion. Si l'infanterie de l'armée forme trois ou quatre divisions, l'artillerie formera de même trois ou quatre divisions d'égale force, dont chacune sera attachée à une division d'infanterie, pour camper, marcher et combattre avec elle. Indépendamment de cela, il y aura une autre division, appelée *division de réserve*, composée de gros calibres et d'obusiers. De celle-là qui marchera à la tête du parc, seront tirés les renforts qu'on voudra porter sur un point, les détachemens qui seront nécessaires, l'artillerie que, suivant mon opinion, on devra quelquefois employer à l'appui de la cavalerie, et pour cela faire marcher avec elle. Enfin il y aura une autre petite division composée de deux, quatre, ou au plus six pièces de gros calibre : cette division sera appelée *division d'avant-garde*, campera en avant de l'armée, et marchera avec l'avant garde. Je la forme de pièces de gros calibre, parce que c'est de l'avant-garde que doivent être faits les signaux qui régleront les mouvemens de l'armée ; et parce que, si cette avant-garde trouve sur son chemin quelque poste retranché, il lui faut du gros calibre pour le battre et l'emporter. Je ne parle ici que de l'artillerie de parc ; car, pour celle des régimens, si l'on continue de leur en donner, elle campe et marche avec eux, ainsi elle est tout naturellement divisée

Cette grande division de l'artillerie est indépendante des subdivisions intérieures qu'on doit y former, de manière, par exemple, que chaque subdivision soit composée de six pièces du même calibre, et que chaque division le soit d'un nombre égal de subdivisions composées de calibres différens.

Je donnerai dans la formation de l'armée que je rassemblerai pour l'exécution des principes que je développe ici, un exemple d'un équipage d'artillerie de campagne divisé suivant ce que j'ai dit ci-dessus, et l'on verra la facilité et la simplicité de mouvemens qui en sont le résultat.

C'est la nature et l'objet de la marche qui doivent déterminer l'ordre dans lequel l'artillerie doit marcher. Ainsi il faut se rappeler à ce sujet les distinctions que j'ai posées entre *marches de route et marches-manœuvres*, *marches de front et marches de flanc*, puisque relativement à chacune de ces sortes de marches, l'artillerie doit observer un ordre différent.

S'il s'agit d'une marche de route, comme son but unique est la plus grande commodité des troupes, ou la plus grande célérité possible, comme il n'y est point question d'arriver à un ordre de bataille, et conséquemment d'avoir de l'artillerie à portée de le protéger, l'artillerie marchera toutsimplement à la queue des troupes, afin de ne pas les retarder dans leur marche et de ne pas gâter les chemins; c'est-à-dire, que si l'espèce des débouchés le permet, chaque division marchera à la suite de la division d'infanterie à laquelle elle est attachée; et que, si elle ne le permet pas, on mettra l'artillerie à telle colonne que l'on jugera à propos. Dans les deux cas, la division de réserve et le gros parc marcheront à la colonne dont le débouché sera le meilleur et le plus facile.

S'il s'agit d'une marche-manœuvre, et par conséquent d'une marche faite à portée de l'ennemi, et avec le but de prendre un ordre de bataille, il faut que l'artillerie soit disposée de manière à ne gêner les troupes et à ne ralentir la marche que le moins qu'il sera possible, et en même temps à pouvoir entrer dans la combinaison de l'ordre de bataille, à protéger son exécution. D'après cela, on doit voir si la marche est de *front* ou de *flanc*, et faire ses dispositions en conséquence.

Si la marche est de front, voici comment marcheront les divisions d'artillerie. A la tête de chaque colonne, et précédées seulement d'un bataillon de grenadiers, seront placées une ou deux subdivisions de gros calibre, débarrassées de toutes leurs voitures d'attirails, et ayant une vingtaine de coups par pièce pour commencer le combat. Le reste de chaque division d'artillerie suivra la division d'infanterie à laquelle elle est attachée, de manière que le canon soit immédiatement à la queue des troupes, et que toutes les voitures d'attirails et de munitions soient derrière lui. Par le moyen de cette disposition, on aura à la tête des colonnes l'artillerie nécessaire pour protéger le déployement : les troupes n'étant point embarrassées, se mettront rapidement en bataille, et l'on disposera ensuite, ainsi que l'on voudra, du reste de l'artillerie; soit en la faisant arriver à l'appui de celle qui sera déjà postée, soit en lui faisant prendre des emplacemens collatéraux à la disposition des troupes, soit enfin en la laissant derrière les lignes, si l'on veut entrer sur-le-champ en action décidée, et pour cela ne pas embarrasser le front. L'artillerie de réserve marchera derrière les colonnes du centre : elle sera toujours renforcée d'attelages, afin de pouvoir, à toutes jambes, se porter aux points de l'ordre de bataille où elle sera jugée nécessaire.

Voilà dans les *marches-manœuvres de front*, quelle sera la disposition habituelle, mais les circonstances pourront y occasionner différens changemens. Quelquefois, par exemple, les points d'attaque étant connus à l'avance, on saura que telle colonne doit s'emparer d'un village ou d'un retranchement qu'il sera nécessaire de battre auparavant par un grand feu d'artillerie ; alors on mettra à la tête de cette colonne un plus grand nombre de subdivisions et toutes de gros calibre. Quelquefois on voudra appuyer et soutenir une aile de cavalerie : l'on joindra en conséquence à la colonne qui doit la former, une ou plusieurs subdivisions de bouches à feu et particulièrement d'obusiers : cette artillerie, pourvue de vingt coups par pièce, marchera à la tête de la colonne couverte par quelques escadrons, et ses voitures de munitions marcheront à la queue. J'ai parlé, dans l'essai sur la tactique de l'artillerie, des services que pourroit rendre cette méthode peu, ou pour mieux dire, point connue, d'employer de l'artillerie avec la cavalerie.

Il reste ensuite toutes les dispositions intérieures qu'il sera à propos de faire dans les divisions d'artillerie, lorsque, marchant pour attaquer l'ennemi, l'on aura connoissance des parties de l'ordre de bataille avec lesquelles on veut faire effort, et de celles qu'on veut lui refuser. Ces dispositions auront pour but de renforcer d'attelages l'artillerie des colonnes destinées à agir, de mettre dans les divisions d'artillerie de ces colonnes plus de pièces de petit calibre, et d'attacher les calibres les plus forts aux colonnes qui doivent former les parties de la disposition les plus éloignées de l'ennemi, et où par conséquent les plus longues portées seroient le plus nécessaires, etc. Il faut lire, dans la tactique de l'artillerie, les principes posés à cet égard.

Quant aux pièces de canon de régiment, elles marcheront avec leurs bataillons, et en suivront les mouvemens; mais je ne puis m'empêcher de répéter que telles qu'elles sont par leur espèce, et multipliées au point où elles le sont, elles donnent plus d'embarras qu'elles ne rendent de service.

Je dois maintenant parler des *marches de flanc*. Si elles ne sont pas faites dans des circonstances qui fassent craindre que l'ennemi, longeant une parallèle à la direction du mouvement de l'armée, ne cherche à l'attaquer pendant sa marche, l'artillerie pourra marcher à la queue des troupes de chaque colonne, ou par une colonne séparée sur le flanc intérieur de l'ordre de marche. Si l'on peut craindre d'être attaqué par l'ennemi, chaque division d'artillerie marchera à la tête et à la queue de chaque division de troupes, n'ayant toutefois lesdites divisions d'artillerie avec elles que les caissons de munitions nécessaires pour le premier moment, et tout le reste marchant, ainsi qu'il est dit ci-dessus, par une colonne séparée en dedans de l'ordre de marche.

Je laisse à juger aux gens de guerre si cette théorie des dispositions de l'artillerie dans les marches n'est pas supérieure à la routine qu'on a suivie jusqu'à présent. Je laisse à juger si, ayant de l'artillerie divisée et manœuvrée ainsi, on ne pourroit pas en avoir une bien moins grande quantité qu'on n'en a aujourd'hui, une bien moins nombreuse que celle de l'armée ignorante que l'on auroit vis-à-vis de soi, et avec cela ne jamais manquer d'artillerie, et se procurer sur les points nécessaires, un feu supérieur aux siens.

CHAPITRE VI.

De la disposition des Equipages dans les Marches.

Il y a peu de chose à dire sur cet objet. On ne doit jamais mêler les équipages avec les troupes : on les fait marcher à la suite des colonnes dans le même rang que les troupes y tiennent, et les mulets ou chariots de campemens des soldats ayant toujours la tête. Si l'on a à craindre pour les flancs de la marche, on n'en place point aux colonnes extérieures de marche, et on prend des précautions pour les couvrir. S'il est question d'une *marche-manœuvre* ou d'une marche forcée, on prend le parti de laisser les équipages en arrière, choisissant, pour cet effet, un lieu sûr et qui, à tout évènement, puisse être couvert par l'armée. Toutes ces règles sont connues. Mais ce sur quoi on est dans la routine la plus mal entendue, c'est l'ordre individuel de ces équipages. Je vois que dans les chaussées de Flandre, dans les pays les plus ouverts, sur les mêmes débouchés où les troupes ont marché par pelotons, les mulets ou chevaux d'équipages y marchent sur une seule file, comme si on étoit dans les défilés des Alpes : il seroit certainement possible qu'au lieu de cela, ils marchassent sur deux ou trois files. J'en dirai autant pour les voitures, qui souvent pourroient marcher sur deux de front. Enfin il devroit y avoir une règle de proportion établie, d'après laquelle le maréchal-général des logis diroit : les troupes de telle colonne peuvent marcher sur tel front, par conséquent les équipages de cette colonne marcheront de telle manière.

Mais à quoi servira toute l'intelligence possible dans la disposition des marches, si nous ne cherchons à diminuer cette quantité énorme d'attirails, d'équipages, de valets, si bien nommée par les anciens *impedimenta ;* si pour cela nous ne devenons plus sobres, moins amoureux de nos aises, plus endurcis aux travaux ? Je ne m'étendrai pas là-dessus : car une pareille révolution ne peut s'opérer qu'en changeant l'esprit et les mœurs actuelles. Or changer l'esprit et les mœurs d'une nation, ne peut être l'ouvrage d'un écrivain quel qu'il soit. Ce ne peut être que celui du souverain, ou d'un homme de génie dans les mains duquel de grands malheurs et le cri public, plus fort que les cabales, remettront pendant quelques années de suite, le timon de la machine.

CHAPITRE VII.

Des ordres de Bataille.

ORDRE de bataille dans la tactique actuelle peut s'entendre de deux manières. Il signifie d'abord l'ordre primitif et fondamental dans lequel une armée se dispose pour camper et pour combattre, étant mises à part toutes circonstances de manœuvre et de terrein : il doit signifier ensuite toute disposition quelconque dérivant de cet ordre primitif, avec telles ou telles différences quelconques occasionnées par ces circonstances. Je vais éclaircir cette double définition. Cela répandra du jour sur la théorie qui en sera la suite.

Considéré comme disposition primitive et fondamentale, l'ordre de bataille d'une armée est le tableau qu'on forme au commencement de la campagne pour régler l'emplacement et la disposition des différens corps qui composent l'armée. C'est d'après lui que les troupes sont disposées sur deux lignes, l'infanterie au centre et la cavalerie sur les ailes. Ce premier arrangement est fondé en raison, quand il n'est que la disposition préparatoire, et, si je peux m'exprimer ainsi, la disposition d'attente et d'organisation; mais il devient abus et erreur, quand il dégénère en routine, quand on le prend indifféremment dans toutes les circonstances et dans tous les terreins, quand sur-tout on en fait sa disposition de combat.

Je dis que cet arrangement est fondé en raison, quand il n'est que la disposition de campement et d'organisation : en effet, quand on rassemble une armée, il faut bien y établir un ordre primitif et habituel, un ordre qui soit la base d'après laquelle on puisse partir pour opérer, et à laquelle on puisse revenir quand les circonstances qui en éloignent, n'existent plus. Je dis que cet arrangement devient abus et erreur quand on ne sait pas s'en écarter suivant les circonstances, quand on en fait aveuglément sa disposition de combat. En effet, il est aisé de sentir que des incidens, des circonstances et des vues sans nombre doivent obliger de faire des changemens à l'ordre primitif : il est aisé de sentir, par exemple, que, quoique suivant cet ordre l'armée doive être formée sur deux lignes, l'infanterie étant au centre, la cavalerie sur les ailes et tous les corps qui composent chaque ligne étant contigus l'un à l'autre, les circonstances à la guerre peuvent exiger que là il faille mettre de la cavalerie au centre, et de l'infanterie sur les ailes ; ici combattre sur une ligne, plus loin se former en trois, ailleurs séparer l'armée en plusieurs corps pour les faire agir chacun sur différens points ; toutes ces dérogations à l'ordre primitif n'empêchant cependant point que la totalité de la disposition ne soit un ordre de bataille, puisqu'elle a pour but de combattre. Concluons de-là qu'ainsi que la postérité se tromperoit, si elle imaginoit, en voyant le tableau de nos ordres de bataille actuels, que telle étoit la disposition sur laquelle combattoient toujours nos armées, nous nous trompons sans doute étrangement, lorsqu'en trouvant dans l'histoire la disposition d'une armée grecque ou consulaire, nous croyons qu'elles combattoient toujours dans cet ordre. Car vraisemblablement cet ordre n'étoit qu'une disposition fondamentale et primitive à laquelle ils faisoient des changemens, suivant ce qu'exigeoient la nature du terrein et les mouvemens de l'ennemi. Revenons à mon objet, qui est d'éclaircir la définition que j'ai avancée.

Considéré comme disposition dictée par le terrein et par les circonstances, l'ordre de bataille d'une armée est l'ordre quelconque dans lequel elle se range pour combattre, c'est-à-dire, que ce n'est jamais et ne peut presque jamais être l'ordre de méthode; car rarement se trouve-t-on dans des plaines où l'armée puisse être formée sur des lignes droites et continues; aussi rarement dans des pays où l'on doive composer tout le centre d'infanterie et les ailes de cavalerie. Souvent on affoiblit et on met hors de prise une partie de sa disposition pour en renforcer une autre avec laquelle on veut combattre. Dans ces différentes circonstances on se conduit ainsi que je l'ai dit ci-dessus, on s'écarte de l'ordre de méthode, on prend une disposition qui y a quelquefois très-peu de rapport. Il y a même plus : c'est que plus un général est habile, plus son armée est manœuvrière, et plus il s'écarte de la routine établie, afin de porter à son ennemi des coups imprévus et décisifs. J'aurai occasion de développer cela dans la suite de cette théorie. Je crois en avoir dit assez pour faire sentir la différence qu'il y a entre la disposition de méthode et la disposition de circonstance, qui toutes deux cependant peuvent s'appeler *ordre de bataille*, avec cette différence que la première n'a lieu que dans les camps et dans les rêves des Tacticiens, tandis que la seconde est celle dans laquelle on donne les batailles, et sur-tout celle qui les fait gagner.

C'est cette dernière qu'on parviendra à exécuter facilement au moyen de la Tactique exposée dans cet ouvrage, et qu'on ne pouvoit exécuter de même avec les anciens principes et les mouvemens pratiqués jusqu'à présent dans nos armées; car outre qu'on n'avoit aucune idée de la grande Tactique, outre que les armées n'étoient ni divisées ni constituées de façon à pouvoir être manœuvrières, les différens corps qui la composoient ne se remuoient individuellement que par des méthodes lentes, lourdes, et dont elles n'avoient pas même l'habitude. Les officiers généraux n'avoient point d'usage de manier les troupes.

De cette ignorance et de cette mal-adresse générale, tant de la part des agens que des conducteurs, il résultoit qu'il falloit plusieurs heures pour mettre une armée en bataille ; qu'une fois cette armée en bataille, on n'osoit, de peur de tout confondre, de tout perdre, faire le moindre changement dans la disposition. Il résultoit qu'il falloit toujours combiner l'ordre de marche sur la disposition qu'on vouloit prendre ; ainsi, par exemple, on se mettoit en marche avec l'objet d'attaquer l'ennemi sur tel ou tel point ; on renforçoit en conséquence telles ou telles colonnes. Arrivoit-on en presence de l'ennemi, l'ordre de bataille étoit dicté par l'ordre de marche, et se prenoit en conséquence. Qu'arrivoit-il cependant ? C'est que souvent cet ordre de bataille se trouvoit vicieux, ou parce qu'on avoit eu de fausses connoissances du terrein et de la position de l'ennemi, ou parce que l'ennemi avoit fait des changemens dans sa disposition ; comment y remédier ? Le moyen de changer sa disposition primitive dans des armées sans Tactique ? Quand le général se seroit senti le génie de l'entreprendre, comment oser le tenter avec des troupes et des officiers généraux incapables d'aucune grande manoeuvre ? C'étoit une si difficile, une si lente opération alors que celle de mettre une armée en bataille! Qu'arrivoit-il encore? c'est que l'armée employant un temps infini à passer de l'ordre de marche à l'ordre de bataille, l'ennemi pouvoit à loisir juger la force des colonnes, le point vers lequel elles se dirigeoient, l'objet qu'on avoit en vue, et faire ses dispositions en conséquence. S'il falloit des exemples pour appuyer ce que j'avance, j'en pourrois citer en foule, et la dernière guerre m'en fourniroit plusieurs.

Dans la tactique que j'expose, on arrive d'une manière toute différente à la formation des ordres de bataille. Veut-on, par exemple, aller attaquer l'ennemi? Comme on peut ne pas connoître précisément la position qu'il occupe, comme, quand même on la connoîtroit, on ne peut pas être sûr qu'instruit du mouvement qu'on fait sur lui, il ne fera pas quelques changemens dans cette position ou dans la disposition par laquelle il compte la défendre, on met l'armée en marche dans l'ordre habituel, les colonnes étant toutes égales et formées chacune d'une division; ainsi disposée, l'armée s'avance, le général étant en avant d'elle à la tête de l'avant-garde. On arrive à portée de l'ennemi, et alors le général détermine son ordre de bataille conséquemment à la nature du terrein, à la position qu'occupe l'ennemi, et à la disposition qu'il a prise. Il renforce ou affoiblit à cet effet, telles ou telles colonnes qu'il juge à propos, fait avancer l'une, laisse l'autre en arrière, dirige celle-là vers un point, celle-ci vers un autre, donne le signal pour que l'ordre de bataille se prenne. A l'instant toutes ses troupes, qui sont accoutumées à l'exécution des grandes manœuvres, qui ont des méthodes rapides de déployemens, se mettent en bataille, et l'attaque commence avant que l'ennemi ait eu le temps de démêler où l'on veut le frapper, ou que, s'il l'a démêlé, il ait eu le loisir de changer sa disposition pour y parer. Mais que ne peut point encore le général, ayant derrière lui toutes ses colonnes, pour ainsi dire, dans sa main, et prêtes à prendre les dispositions qu'il leur indiquera! Arrivé à la vue de l'ennemi, et ne trouvant pas que celui-ci soit en posture désavantageuse, il manœuvre vis-à-vis de lui, il cherche à lui donner le change, il emploie toutes les ressources du terrein et de la tactique pour lui faire illusion sur son projet, il feint un mouvement offensif sur sa gauche pour former son attaque réelle sur sa droite; là il lui présente des colonnes à distances ouvertes, ici il lui en présente à distances serrées; il fait tant, en un mot, que si cet ennemi n'est pas aussi habile que lui, il prend le change, abandonne ou occupe un poste qui le met en prise, ou bien s'affoiblit sur un point, soit en y laissant trop peu de troupes, soit en y laissant trop peu de l'arme propre à le défendre, soit en y laissant les troupes les moins bonnes de son armée, et alors cette faute est saisie, le général habile et manoeuvrier porte sur le champ ses efforts sur cette partie foible. Si pourtant l'ennemi ne se met en prise ni par sa position ni par sa disposition, alors ce général se trouve n'avoir rien engagé; il se retire, prend une position et attend une occasion plus favorable. Voilà quelle est la véritable science de la formation des ordres de bataille. Voilà celle qui a fait gagner au roi de Prusse les batailles de Lissa, de Hohenfriedberg, et plusieurs autres; voilà la science dont je vais développer les principes, en montrant les grandes combinaisons et le mécanisme intérieur qui doivent faire passer une armée de son ordre de marche à une disposition de combat.

Il ne peut y avoir que deux manières de donner bataille à l'ennemi : la première, en engageant ou en se mettant à portée d'engager à la fois le combat sur toutes les parties de son front; la seconde, en l'attaquant seulement sur un ou sur plusieurs points. Je crois, d'après cela, pouvoir réduire les sept ordres dont Végèce a parlé, et dont tous les tacticiens ont parlé après lui, à deux, *le parallèle* et *l'oblique*. Je vais, en traitant séparément de chacun de ces ordres, les définir, assigner leurs principes, leurs objets, et démontrer comment toutes les dispositions quelconques tiennent à ces deux dispositions principales, et n'en sont que des conséquences et des modifications.

CHAPITRE VIII.

Ordre parallèle.

Il faut appeler ainsi une disposition de bataille dont le front développé parallèlement à celui de l'ennemi, peut entrer en action à la fois de toutes les parties qui la composent. Quand je dis *parallèlement*, on ne doit pas entendre ce mot dans la précision géométrique, car il y a peu de pays qui puissent permettre à deux armées de s'étendre sur des fronts exactement parallèles l'un à l'autre. Le nom d'*ordre parallèle* appartient donc à toute disposition qui place tous les corps de deux armées les uns vis-à-vis des autres, en mesure et à portée de combattre.

Voilà certainement comme ont dû se disposer les armées dans les premiers âges de la science militaire. Alors elles n'étoient pas si nombreuses qu'aujourd'hui ; elles se formoient sur une ordonnance moins étendue ; on étoit armé de manière à avoir besoin de s'approcher pour se nuire. On ne connoissoit point toutes les finesses de la tactique ; en raison de ce qu'on étoit moins éclairé, on étoit plus courageux peut-être. Chacun vouloit combattre ; chacun vouloit avoir part au danger et à la gloire : de-là ces batailles si terribles et si sanglantes, que nos combats actuels, qui ne sont que des jeux auprès d'elles, nous les font presque regarder comme fabuleuses. Qu'on voye encore aujourd'hui deux nations sauvages violemment animées l'une contre l'autre, et ne connoissant pas l'usage de nos armes à feu : leurs braves s'assembleront, marcheront les uns aux autres, se joindront, et là, leur disposition sera de s'étendre pour pouvoir tous combattre, et chercher chacun son homme. Ainsi se battent, dans l'Amérique septentrionale, toutes les nations que les Européens n'ont pas formées et armées ; aussi leurs guerres finissent-elles quelquefois par la destruction entière du peuple vaincu. Ainsi ont combattu toutes les premières races d'hommes qui ont habité l'Europe, jusqu'à ce que le hasard, l'ambition et le raisonnement aient fait naître parmi elles quelques lumières.

On voit que l'ordre parallèle étant le plus naturel et le plus simple, a dû être la plus ancienne disposition connue. Ce ne sont pas les mots qui font les choses, et, quoique des sauvages ne connoissent peut-être ni le mot *ordre*, ni certainement le terme *parallèle*, c'est cette disposition informe et d'instinct qu'ils prennent pour aborder tous à la fois l'ennemi et le combattre; c'est elle qui, se perfectionnant peu-à-peu, et les mots naissant avec les idées, est devenue et a été nommée *ordre parallèle*.

A mesure que les hommes s'éclairèrent, les armées supérieures en nombre dûrent chercher à tirer parti de leur supériorité, et pour cet effet, à envelopper l'ennemi et à embrasser ses flancs. De-là cette disposition en forme de croissant qui subsiste encore aujourd'hui dans les armées Turques et Asiatiques. D'un autre côté, des généraux habiles, se trouvant à la tête d'armées inférieures, dûrent chercher les moyens de suppléer à cette infériorité par la perfection de la tactique : ils dûrent sentir qu'en se présentant parallèlement à un ennemi supérieur en nombre, ils s'exposoient à être enveloppés et battus; qu'il y avoit telle autre sorte de disposition, telle science de mouvemens au moyen de laquelle ils pouvoient porter l'élite de leurs forces à un des points de l'ordre de bataille, n'engager le combat que sur ce point et mettre hors de prise toutes les autres parties de leur disposition ; de-là l'ordre oblique, et toutes les autres dérogations à l'ordre parallèle. Enfin entre des généraux tant soit peu éclairés de part et d'autre, l'ordre parallèle cessa d'avoir lieu dans les batailles, parce que, supérieurs ou inférieurs en nombre, ils calculèrent, avec raison, qu'il y avoit d'autres dispositions plus avantageuses.

Ce qui prouve que telle a dû être, dans l'antiquité, l'origine des différens ordres de bataille, c'est que nous les avons vu renaître dans la même progression. Avec l'empire Romain, la science militaire déchut et s'anéantit ; il succéda des siècles de ténèbres ; les hommes redevinrent à-peu-près aussi ignorans que l'avoient été ceux des premiers âges. Cette ignorance s'étendit sur tout, elle s'étendit particulièrement sur la manière de faire la guerre ; car il faut observer en passant, qu'alors bien plus qu'aujourd'hui, c'étoit tout ce qu'il y avoit de plus grossier et de plus ignorant dans les nations, qui se dévouoit aux armes; les habitans des villes n'étoient point guerriers, et le petit nombre d'hommes livrés à l'étude, étudioit pour l'autel, pour la scholastique où pour quelques arts échappés à la barbarie générale.

On en revint donc alors à se battre comme dans les premiers temps. Ce fut multitude contre multitude, hasard contre ignorance, les armées s'abordoient et s'engageoient de tout leur front; ainsi se donnèrent les batailles de Clovis contre Attila, de Charles Martel contre les Sarrasins, de Charlemagne contre les Saxons. La preuve qu'elles se donnoient ainsi, c'est qu'il y périssoit un nombre incroyable de combattans. Les chroniques de ces guerres disent souvent que peu de vaincus se sauvoient du carnage des combats. Ces armées prenoient, sans le savoir, l'ordre parallèle; il eut lieu long-temps après encore, il eut lieu tant que la tactique resta dans l'enfance; on le trouve à Marignan, à Aignadel, à Pavie, par-tout où les armées eurent le temps de se mettre en bataille la veille, et la possibilité de s'aborder.

Quand la science militaire commença à renaître, on fit le même raisonnement qu'avoient fait les anciens, et en conséquence on s'écarta de l'ordre parallèle. On chercha à manoeuvrer, à tourner son ennemi par les flancs, il n'y eut presque plus de batailles engagées sur la totalité du front ; il y en eut bien moins encore quand les armées devinrent plus nombreuses et se rangèrent sur une ordonnance plus mince. Le moyen, en effet, que, sur des fronts aussi étendus, il n'y eût pas quelque obstacle qui empêchât de se joindre ! On adopta alors un nouveau genre de guerre fondé sur la nature du terrein et sur le choix des positions. Les armées inférieures se mirent, soit par les retranchemens, soit par les obstacles naturels du pays, à l'abri de toute attaque, ou réduisirent la possibilité de les attaquer à des points. Tous les combats devinrent des affaires de poste ; il n'y eut plus de batailles générales, par conséquent plus d'ordre parallèle. Depuis la fin du dernier siècle on ne peut pas, je crois, citer une action où les armées aient engagé le combat sur tout leur front.

Ce qui contribue maintenant à faire rejeter généralement l'ordre parallèle, c'est, outre l'immense front des armées, et la difficulté de se joindre, la nécessité où sont tous les états de ne pas compromettre au hasard d'une action générale des armées qui font toutes leurs forces et leurs destinées. Aujourd'hui qu'aucune nation n'est guerrière ni par ses mœurs, ni par sa constitution, aujourd'hui que les peuples n'ont pour défense qu'un certain nombre de troupes, que hors ces troupes tout le reste des citoyens n'est qu'une multitude lâche, sans aucune idée de guerre et de discipline, prête, par conséquent, à subir le joug du vainqueur, la politique respective des gouvernemens veut que les généraux ne donnent rien au hasard. On vient de voir comment le résultat des ordres parallèles mis en exécution un jour de bataille, étoit de rendre l'action générale, comment elle devenoit plus terrible, plus décisive, plus sanglante, comment il se pouvoit qu'elle entraînât la destruction totale des vaincus. Qu'on se peigne la détresse d'une de nos nations prétendues policées, si on venoit lui dire, comme on le dit aux Romains après la journée de Cannes : « L'ennemi arrive, » l'armée qui couvroit la capitale a engagé » une bataille générale, et cette armée n'est » plus ».

L'ordre parallèle, pris dans la signification que je lui ai donnée au commencement de ce chapitre, n'est donc plus aujourd'hui mis à exécution dans les batailles; mais ce nom peut rester à la disposition primitive et habituelle d'organisation et de campemens d'une armée, puisque toutes les parties de cette disposition se trouvent d'égale force et prêtes (les obstacles du terrein mis à part) à entrer en action avec l'ennemi, s'il venoit attaquer à la fois tout le front. Je vais démontrer dans le chapitre suivant, quelle espèce d'ordre de bataille a remplacé l'ordre parallèle, et les changemens les plus avantageux qui peuvent encore être faits à cet égard.

Cependant je dois dire, avant que de quitter cet article, qu'il pourroit y avoir des occasions où une armée supérieure en courage et sûre de ne pas être prise par ses flancs, pourroit se servir de l'ordre parallèle. Ce qu'il y a de certain du moins, c'est que les batailles qu'une pareille armée gagneroit dans cette disposition, ruineroient l'armée qui lui seroit opposée, tandis que les batailles actuelles entre deux généraux habiles, ne peuvent jamais avoir de grands résultats.

CHAPITRE IX.

Ordre oblique.

On vient de voir comment la science militaire a substitué l'ordre oblique à l'ordre parallèle, et a rendu les batailles plus savantes et moins sanglantes. C'est un jeu de calcul et de combinaison qui a succédé à un jeu de hasard et de ruine. Il est heureux que la science militaire, qui est la science de la destruction, rende la guerre moins destructive en se perfectionnant. Il est heureux que ce puisse être l'habileté des généraux qui décide le sort des batailles, plutôt que la quantité du sang répandu. Enfin, dans un siècle où tous les arts ont fait des progrès, il est honorable, il est encourageant pour les militaires, que celui de la guerre se ressente de la propagation générale des lumières.

L'ordre oblique est l'ordre de bataille le plus usité, le plus savant, le plus susceptible de combinaisons, l'ordre dont se serviront toujours les armées inférieures commandées par de bons généraux; c'est cet ordre si fameux chez les anciens, mais dont aucun de leurs tacticiens ne nous a fait connoître le mécanisme intérieur. Le roi de Prusse est le premier moderne qui l'ait exécuté par principes, et qui l'ait adapté à la tactique actuelle.

Pour qu'un ordre de bataille soit oblique, il n'est pas nécessaire que le front de cet ordre dessine exactement une ligne oblique par rapport au front de l'ennemi; car rarement les terreins et les circonstances permettent qu'une pareille régularité puisse avoir lieu. J'appelle donc *oblique* toute disposition où l'on porte sur l'ennemi une partie et l'élite de ses forces, et où l'on tient le reste hors de portée de lui; toute disposition en un mot, où l'on attaque avec avantage un ou plusieurs points de l'ordre de bataille ennemi, tandis qu'on donne le change aux autres points, et qu'on se met hors de mesure de pouvoir être attaqué par eux.

La chose ainsi entendue, presque toutes les batailles qui se sont données depuis un siècle, ont été dans l'ordre oblique; car elles se sont toutes réduites à des points d'attaque. Mais cet ordre étoit pris au hasard et dicté par les circonstances ou par la nature du terrein. On n'avoit point approfondi ses avantages, on ne connoissoit pas ses finesses, on ignoroit la manière de le prendre rapidement sur un point indiqué par les circonstances du moment, et non prévu dans l'ordre de marche; ainsi, dans un art qui est au berceau, il arrive qu'on se sert machinalement d'un instrument dont on ne connoît ni les propriétés, ni l'usage.

Pour développer parfaitement la théorie de l'ordre oblique, il faut entrer dans des détails qui fassent concevoir pas à pas ses principes, leur objet et leur application. Je suis, plus que personne, ennemi des longueurs; mais, dans les ouvrages dogmatiques, il faut convaincre, et pour convaincre il faut quelquefois savoir s'appesantir.

Je distinguerai d'abord deux différentes espèces d'ordre oblique : l'une est l'ordre oblique de principe, l'oblique proprement dit, c'est-à-dire, l'ordre dans lequel l'armée est disposée *véritablement obliquement* au front de l'ennemi; l'autre est l'ordre oblique de circonstance, c'est-à-dire, l'ordre dans lequel l'armée, quoique n'étant point disposée obliquement au front de l'ennemi, se trouve cependant, soit par la nature du terrein, soit par l'habileté de ses mouvemens, dans le cas de l'attaquer sur un ou plusieurs points, et d'être elle-même hors de prise sur les autres. Je vais parler successivement de chacune de ces deux espèces, et faire sentir leur différence.

L'ordre oblique, proprement dit, peut

s'exécuter de deux manières, *par ligne* ou *par échelons*. Par ligne, c'est-à-dire, la disposition formant un front oblique et en demi-quart de conversion, tous les bataillons et escadrons étant contigus et sur le même alignement, de cette façon :

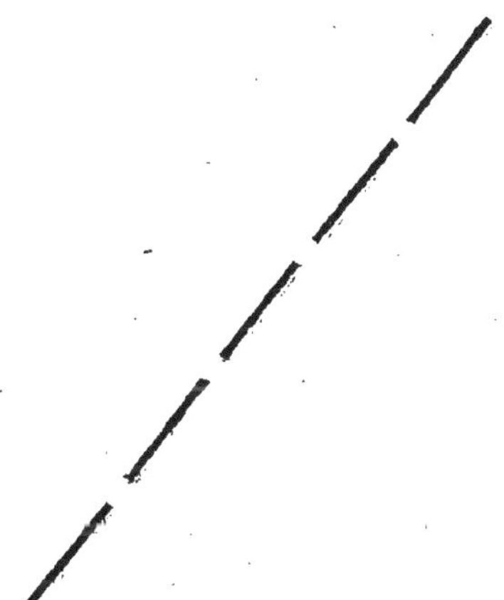

Par échelons, c'est-à-dire, chaque bataillon et escadron se laissant dépasser du côté vers lequel on veut attaquer, par le bataillon ou escadron qui est à côté de lui, d'un certain nombre de pas plus ou moins considérable, suivant le nombre de troupes qui composent chaque colonne et le degré d'obliquité qu'on veut donner à l'ordre de bataille. Toute la partie qui doit attaquer, formant cependant une espèce de marteau en avant, et étant rangée dans la disposition ordinaire, en cette forme :

Cette disposition par échelons peut (et elle vaut infiniment mieux), au lieu d'être formée par escadron et par bataillon, l'être par régiment ou par brigade, et même par corps plus considérables, lesdits corps étant par échelons éloignés l'un de l'autre, de manière à pouvoir se donner la main au besoin, et à occuper les positions qui peuvent le plus les mettre hors de prise et faire illusion à l'ennemi. Ainsi, par exemple, A B est le marteau, la partie de l'ordre de bataille destinée à attaquer l'ennemi placé en I; et C D E F sont quatre colonnes de l'armée qui se sont mises en bataille par échelons, occupant différens points où elles remplissent les objets indiqués ci-dessus.

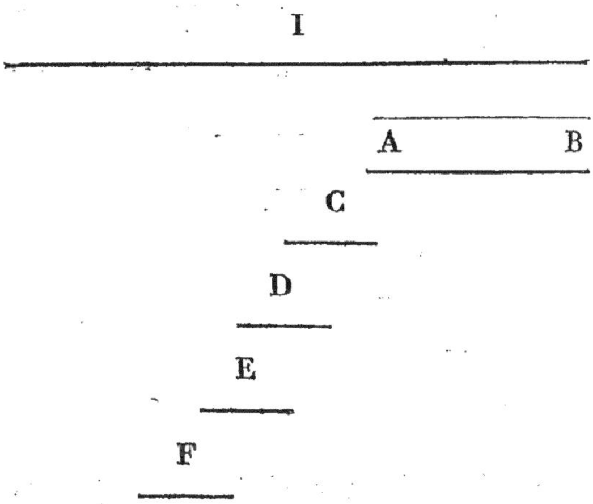

I

A B

C

D

E

F

De ces deux manières de prendre l'ordre oblique par *ligne*, ou par *échelons*, la première est élémentaire et purement de méthode. Il est bon de l'exécuter dans un camp d'instruction, afin de commencer à faire connoître aux officiers généraux ce que c'est que l'ordre oblique, et quel est son objet. La seconde qui n'est qu'une suite de la première, est plus simple, plus facile dans son déployement, plus applicable à tous les terreins, plus susceptible de manœuvre et d'action lorsque l'ordre est formé. C'est celle dont il faut se servir à la guerre, sur-tout quand on forme par brigades ou par gros corps, les échelons destinés à se refuser à l'ennemi ou à lui faire illusion.

On peut parvenir de plusieurs manières à prendre ces différentes dispositions obliques.

1°. En donnant à l'avance aux colonnes le degré d'obliquité que doit avoir la disposition, et les présentant à-peu-près dans la forme de tuyaux d'orgue, comme

2°. En présentant les têtes des colonnes sur un front parallèle à l'ordre de l'ennemi, le tenant ainsi en suspens sur la disposition qu'on va prendre, et manœuvrant ensuite, partie en avant pour se porter et se déployer sur le

point qu'on a reconnu le plus foible, partie en arrière pour reculer et mettre hors de prise les portions de son ordre de bataille qu'on a dégarnies et qu'on veut refuser à l'ennemi.

3°. Si on forme les échelons par gros corps, en dirigeant chaque colonne ou partie de colonne qui les compose, sur le point où elle doit se développer.

4°. On peut enfin se disposer en échelon oblique, en partant d'un ordre de bataille parallèle déjà formé, les bataillons qui doivent attaquer marchant en avant, et ceux qui doivent soutenir et se refuser à l'ennemi restant successivement en arrière à des distances combinées sur le degré d'obliquité qu'on veut prendre. Des officiers qui ont vu exécuter cette manœuvre par quelques bataillons dans les camps de paix du Roi de Prusse, ont faussement imaginé qu'elle étoit applicable à une armée. Elle ne l'est qu'à un corps de troupes ou à une partie de ligne, qui devant former une attaque, veut faire des efforts successifs avec une partie de ses forces, et tenir l'autre comme en réserve et hors de portée du feu de l'ennemi. Car, avec une armée, c'est toujours par des mouvemens en colonne qu'on doit arriver à la formation de l'ordre de bataille, parce que tout mouvement en bataille sur un grand front est trop lent, trop pesant, et donne à l'ennemi trop de temps et d'avantages pour faire sa contre-disposition.

L'ordre oblique peut se former sur la droite, sur la gauche ou sur le centre, c'est-à-dire, qu'au moyen de cet ordre, on peut à volonté attaquer l'ennemi sur l'un de ces trois points, et lui refuser le reste de l'ordre de bataille.

Le degré d'obliquité de la disposition oblique, soit que cette disposition se fasse par ligne ou par échelon, doit être combiné sur la force de l'ennemi, sur sa science, sur sa hardiesse et plus particulièrement encore sur la nature du terrein; sur les points avantageux de défensive, que ce terrein peut fournir aux parties de l'ordre de bataille que l'on veut refuser. Ainsi plus l'armée de l'ennemi est supérieure, plus cet ennemi est habile et manoeuvrier, et plus l'on doit avoir d'attention d'éloigner de lui les parties foibles et défensives de l'ordre de bataille, plus il faut à cet effet que la direction d'obliquité sur laquelle l'armée est rangée, forme un angle ouvert avec l'aile ennemie qu'on attaque. Il n'est guère possible au reste de donner de principe général sur cela : car la nature du terrein peut être telle que dans de certains points on puisse, sans inconvénient, approcher de l'ennemi les parties de sa disposition qui doivent rester en défensive, parce qu'au moyen de la position qu'offriront ces points, on aura entre l'ennemi et soi des obstacles qui l'empêcheront de faire sur ces parties foibles un mouvement offensif. J'aurai occasion de revenir sur cette circonstance en parlant de la seconde espèce d'ordre oblique.

L'ordre oblique se formant presque toujours sur une des ailes de l'ennemi, et son objet alors devant être de la déborder et de la prendre à revers, il faut qu'aussi-tôt que le général a déterminé celle qu'il veut attaquer, les colonnes dirigent leur tête, et marchent en écharpant vers ce flanc, de manière qu'au moment du déployement, la disposition de l'aile qui doit engager le combat, déborde l'ennemi et puisse le prendre en flanc.

Pour se procurer plus facilement l'avantage de déborder l'ennemi, il faut, lorsque l'ordre oblique doit s'exécuter par la droite, que toutes les colonnes de l'armée, ou tout au moins celles des troupes qui sont destinées à former l'attaque, se déployent sur la droite; et qu'elles se déployent sur la gauche, si l'ordre oblique doit s'exécuter sur la gauche. Par ce moyen, on gagne sur le flanc et en dehors de l'ordre de marche, le terrein où se déploye la colonne de l'aile. De ce principe, il ne s'ensuit pas qu'on ne puisse jamais, en pareille circonstance, déployer les colonnes sur le centre : cette espèce de déployement étant plus court de moitié, doit au contraire être toujours employé, lorsque, par la direction de sa marche, l'armée a déjà rempli l'objet de déborder l'ennemi.

Tout ce qui peut tromper l'ennemi sur la répartition des troupes dans l'ordre de bataille, ainsi que sur leur destination, devant être employé dans l'ordre oblique, il faut particulièrement savoir y faire usage du mélange combiné des déployemens à distances serrées et à distances ouvertes. J'ai expliqué, dans mes Essais sur la tactique des troupes, les résultats avantageux qu'on peut en tirer.

Un autre avantage de l'ordre oblique étant d'étonner l'ennemi par une disposition imprévue, et de l'attaquer avant qu'il ait eu le temps de changer la sienne, il faut déployer les colonnes à une distance si bien combinée, qu'aussi-tôt déployée, l'aile qui doit attaquer puisse marcher sans perte de temps à l'ennemi, et arriver promptement sur lui. Il est impossible au reste d'assigner des règles précises sur cette distance; ce peut être quelquefois très-près, s'il a peu d'artillerie, où si son artillerie est peu redoutable, ou si enfin on peut déboucher sur lui à couvert; une autre fois ce doit être plus loin, si son artillerie est nombreuse et bien exécutée, si le terrein à parcourir pour arriver à lui, est plat et ouvert. L'espèce de troupes qu'on conduit, doit encore entrer pour beaucoup en considération sur cet objet. Sont-elles braves, aguérries, habiles à manœuvrer? On peut plus oser, on peut hasarder de les déployer plus près de l'ennemi, que quand elles sont molles et ignorantes. Est-ce de la cavalerie qu'on a à déployer? On peut la mettre en bataille de plus loin, parce qu'elle parcourt plus rapidement le terrein qui la sépare du but de son attaque. Est-ce de l'infanterie? On doit, par la raison contraire, la déployer de plus près. Enfin les seules maximes générales qu'on puisse donner à cet égard, c'est de se déployer à des distances où le feu de l'ennemi ne soit pas assez meurtrier pour jeter du désordre dans les manœuvres des troupes; c'est en même temps de ne pas se déployer à des distances trop éloignées, parce qu'alors on perd l'avantage de se remuer en colonnes, ce qui est bien plus rapide et bien plus facile que de se remuer en ligne, celui de cacher le plus long-temps qu'on peut à l'ennemi la quantité de troupes qu'on porte sur lui, et celui de pouvoir amener ces troupes rapidement et d'une seule traite à l'objet de leur attaque. Je n'ai pas besoin de dire à mes lecteurs que cet article, ainsi que les deux précédens, concernant la manière dont il faut déployer pour déborder l'ennemi, et l'usage qu'il faut faire du mélange combiné des déployemens à distances serrées et à distances ouvertes, sont applicables à toutes les dispositions offensives que les troupes peuvent avoir à former à la guerre.

Parlons maintenant de la seconde espèce d'ordre oblique, de celui dans lequel l'armée, quoique n'étant point disposée obliquement au front de l'ennemi, se met cependant, soit par la nature du terrein, soit par l'habileté de ses mouvemens, en situation de l'attaquer sur un ou plusieurs points, et d'être elle-même hors de prise sur les parties de sa disposition qu'elle veut refuser. Cet ordre est celui qu'on est le plus communément dans le cas de prendre à la guerre, parce qu'il est rare que les batailles se donnent dans des plaines absolument rases et découvertes, où par conséquent les dispositions puissent se faire sans relation avec le terrein et dans l'obliquité régulière établie en principes. On est presque toujours assujéti à s'écarter de cette régularité, pour profiter des positions avantageuses offertes par la nature du pays, soit pour favoriser l'illusion qu'on veut faire à l'ennemi, soit pour mettre plus en sûreté les parties foibles de l'ordre de bataille. Ainsi j'appelle la disposition de la bataille de Lissa une disposition oblique, quoique certainement l'armée du roi de Prusse ne fût pas rangée obliquement au front des Autrichiens : mais il attaqua leur aile gauche avec l'élite de ses forces, la prit à revers et la culbuta, tandis qu'il profitoit d'une lisière de hauteurs qui étoit vis-à-vis de leur droite et de leur centre, pour leur faire illusion, les tenir en échec, et y placer, dans une excellente défensive, le reste de son armée affoibli par les renforts qu'il avoit portés à sa droite. Ainsi j'appelle la disposition de l'armée du prince Ferdinand à Crevel, une disposition oblique, parce qu'il tourna et attaqua notre gauche avec l'élite de ses forces, tandis que le reste de son armée, partagé en plusieurs corps, contenoit, en se montrant sur différens points à la grande portée du canon de nous, le centre et la droite de notre armée: ainsi je pourrois dire que presque toutes les armées qui ont engagé des batailles depuis un siècle, les ont engagées dans l'ordre oblique, puisqu'elles ont réduit leur attaque à des points, et je le dirois, s'il n'étoit pas vrai que dans la plupart de ces batailles (j'en excepte celles qu'a données le roi de Prusse) la routine et le hasard ont fait les dispositions, et qu'on n'avoit certainement alors aucune connoissance de l'ordre oblique, de son mécanisme et de son objet.

L'ordre oblique de la seconde espèce étant celui qui s'adapte le plus facilement aux terreins et aux circonstances, c'est donc de celui-là particulièrement que les généraux doivent faire un objet d'étude et de méditation; et où cette étude peut-elle se faire avec succès? C'est dans des camps d'instruction, c'est à la guerre, c'est, si je peux m'exprimer ainsi, à force de manier les troupes et les circonstances. J'ai posé quelques principes où il n'y en avoit aucun, c'est au génie à en faire l'application. Il ne me reste maintenant qu'à prouver la vérité de ces principes; c'est ce que je vais faire, en traitant ci-après de la formation des armées, et du rassemblement d'un camp d'instruction, dans lequel s'exécuteront tous les ordres de marche et de bataille relatifs à la théorie que j'ai établie.

CHAPITRE X.

Formation des Armées ; nécessité d'en rassembler en temps de paix dans des Camps destinés à être les écoles de la grande Tactique.

Si une nation avoit des troupes et des généraux tels que je me les imagine, ses armées pourroient être bien moins nombreuses que ne le sont celles qu'on a aujourd'hui, et avec cela valoir mieux et exécuter de plus grandes choses. Elle auroit dans ses armées moins de cavalerie, moins de troupes légères, moins d'artillerie. Son infanterie seroit mieux armée, plus aguerrie, mieux disciplinée, plus manœuvrière ; elle sauroit se suffire à elle-même comme l'ancienne infanterie des légions Romaines. Sa cavalerie seroit peu nombreuse, mais sa bonté, sa vélocité, sa science de mouvemens suppléeroient à son petit nombre. Ses troupes légères feroient en même temps le service de ligne, et ses troupes de ligne feroient au besoin le service de troupes légères ; par conséquent point de double emploi, point de corps inutilement et dispendieusement employé à un seul objet. Son artillerie seroit peu nombreuse, mais elle n'auroit que des calibres utiles et propres à produire de grands effets; elle seroit bien constituée, bien allégée, bien attelée, bien disposée dans ses emplacemens, bien exécutée dans l'action. Tous les corps qui composeroient ses armées auroient une Tactique simple, analogue l'une à l'autre, et prête à servir les combinaisons des généraux. De pareilles armées ne seroient point embarrassées par une quantité immense d'équipages; elles seroient sobres, infatigables, plus amoureuses de gloire que de commodité; elles sauroient vivre des denrées du pays, et ne seroient pas subordonnées aux calculs étroits et routiniers d'un entrepreneur de subsistances; enfin de semblables armées commandées par de grands hommes, renouvelleroient les prodiges opérés autrefois par de petites armées contre des multitudes ignorantes, elles feroient encore de grandes conquêtes et des révolutions dans les empires.

Dans mes Essais particuliers sur la Tactique de l'infanterie, de la cavalerie et de l'artillerie, dans mon chapitre sur les troupes légères, j'ai déjà exposé une partie de mes idées sur les changemens qui pourroient être faits dans la manière actuelle de faire la guerre. Je développerai et appuyerai de plus en plus mes opinions à cet égard. On vient de voir dans le commencement de cette seconde partie quelle doit être la théorie de la grande Tactique ; à l'apperçu des nouveaux procédés d'ordres de marche et d'ordres debataille qui y sont déduits, on peut commencer à juger que la Tactique est une science, une grande science, que c'est la supériorité de génie et non la supériorité de nombre qui doit décider les succès. La grande Tactique mise en action, ainsi qu'elle va l'être ci-après, présentera cette vérité dans tout son jour.

C'est une chose bien étrange que la manière dont on forme aujourd'hui les armées. La guerre se déclare : on résoud dans le cabinet des ministres qu'il faut attaquer l'ennemi sur tel point, et se défendre sur tel autre. Voilà par conséquent des armées à former, des généraux à choisir. Comment cela se fait-il ? Le département de la guerre, si c'est ce département qui a la prépondérance du crédit dans le conseil du souverain, propose une armée en Allemagne et une en Flandre. On observera que souvent le ministre qui est à la tête de ce département, ne sait pas ce que c'est qu'une armée, ou que, s'il est militaire, rarement il arrive qu'il ait commandé des armées, encore plus rarement qu'il les ait bien commandées ; par conséquent il ne peut asseoir un plan de guerre avec connoissance de cause. Cependant ce plan se fait. On se résoud à former deux armées ; on décide, je suppose, qu'on agira offensivement en Flandre, et qu'on restera sur la défensive en Allemagne. Comment se détermine la force de ces deux armées ? On spécule quelle sera la quantité de troupes que l'ennemi pourra opposer dans chacun de ces points. On dit, l'ennemi aura une armée de soixante mille hommes en Flandre, faisons-en une de quatre-vingt et agissons offensivement dans cette partie ; il en a une de soixante en Allemagne, formons y en une de quarante, et tenons-nous y sur la défensive. On nomme ensuite les corps qui doivent composer les armées ; une méchante règle de proportion ou plutôt de routine, veut que l'armée étant de tant de milliers d'hommes, il y ait tant d'infanterie, tant de cavalerie, tant de troupes légères, tant d'artillerie. On choisit les généraux, on entre en campagne ; les généraux, la plupart du temps, comptant sur le nombre bien plus que sur la science, n'ont ni paix ni relâche qu'ils n'aient obtenu des renforts. C'est aujourd'hui pour couvrir un point à la protection duquel leur armée ne peut atteindre ; demain ce sera pour s'opposer à une diversion, qui souvent n'auroit pas eu lieu s'ils avoient serré la mesure à l'ennemi; cette fois c'est parce que l'ennemi a trois cents pièces de canon et qu'ils n'en ont que deux cents; une autre fois, c'est parce qu'il a quinze mille hommes de troupes légères et qu'ils n'en ont que dix. Ils ne sentent pas qu'ayant moins d'artillerie ils ont moins d'embarras; que leurs deux cents bouches à feu bien employées équivaudroient facilement aux trois cents de l'ennemi; que, pour rendre ces dernières inutiles, il n'y a qu'à faire vis-à-vis de lui une guerre de marches et de mouvemens. Ils ne sentent pas que l'ennemi ayant quinze mille hommes de troupes légères, et ces troupes légères étant constituées comme elles le sont aujourd'hui, il est affoibli par cette espèce de troupes; qu'il n'y a, pour lui ôter cet avantage apparent, qu'à éviter la guerre de détail et la faire toujours en masse. Ils ne sentent pas enfin que le grand art de la guerre, c'est de suppléer au nombre plutôt que de l'augmenter, d'engager les actions avec l'arme dans laquelle on est supérieur, et d'appuyer ou de refuser celle dans laquelle on est le plus foible. Réciproquement et en se modelant les unes sur les autres, les armées s'augmentent donc à un tel point, que les généraux ne savent plus comment les manier, les pays comment les nourrir, les gouvernemens comment les entretenir et les payer. Des généraux plus éclairés seroient même obligés de se conformer à la routine établie, et de demander des armées nombreuses. Car est-il en Europe des troupes citoyennes, des troupes qui, par leur constitution, leur esprit, leur valeur, leur sobriété, leur aptitude aux travaux, leur science de manœuvres, soient si décisivement supérieures à celles des états voisins, qu'on puisse dire : avec quarante mille hommes j'oserai tenir campagne, et campagne offensive contre soixante mille ? Y a-t-il des troupes qui aient assez de confiance dans leur courage, dans leur Tactique, dans leurs généraux, pour regarder comme un embarras et un affoiblissement tout nombre au-delà des proportions raisonnables, pour ne pas être étonnées d'entrer en campagne vis-à-vis d'une armée supérieure ? Y a-t-il en Europe des généraux auxquels les gouvernemens abandonnent assez d'autorité pour qu'ils puissent à l'avance acquérir cette confiance et l'inspirer, en formant à cet effet des troupes pendant la paix, en les faisant, si je peux m'exprimer ainsi, à leur systême et à leur main ? Si par hasard il s'élève dans une nation un bon général, la politique des ministres et les intrigues des courtisans ont soin de le tenir éloigné des troupes pendant la paix. On aime mieux confier ces troupes à des hommes médiocres, incapables de les former, mais passifs, dociles à toutes les volontés et à tous les systêmes, plutôt qu'à cet homme supérieur qui pourroit acquérir trop de crédit, résister aux opinions qu'on auroit adoptées, se rendre le canal des graces militaires du souverain, et devenir enfin l'homme des troupes, le général né. On veut pouvoir donner des armées à commander à ses créatures; on veut accoutumer les troupes à recevoir aveuglément tel homme que ce soit, que l'on voudra mettre à leur tête, je dis tel homme que ce soit, pourvu qu'il ait le brevet du souverain. La guerre arrive, les malheurs seuls peuvent ramener le choix sur le général habile; on l'emploie, mais en même temps on le contrarie, on le traverse. On voudroit (s'il étoit possible) que les affaires réussissent et que le général échouât. Ce général parvient à réparer les affaires, à les soutenir; bientôt on craint sa réputation, on est importuné de sa gloire; on fait la paix; le général déjà formé ou qui commençoit à se former, n'est plus consulté, plus employé. Ses talens se rouillent ou n'achèvent pas de se perfectionner; les troupes qu'il connoissoit, changent, se renouvellent, prennent d'autres institutions, d'autres principes. Ainsi quand des malheurs nouveaux le replacent à la tête des armées, il se trouve étranger à ces armées, et ces armées lui sont étrangères. Ce tableau est l'histoire de presque tous les états dans presque tous les temps; ainsi qu'on ne m'accuse pas d'avoir voulu en désigner aucun.

Quelle différence de cette manière de former les armées à celle dont les Grecs, les Romains, dont tous les grands conquérans ont formé les leurs! Miltiade, Thémistocle, Epaminondas comptoient-ils les forces de l'ennemi? Alexandre compara-t-il les siennes avec celles de l'Asie, quand il voulut la conquérir? Il partit avec une armée de cinquante mille hommes pour aller détrôner un roi qui pouvoit en armer des millions. Annibal partit avec soixante mille hommes pour la conquête de l'Italie; Scipion avec cinquante mille pour attaquer Carthage. César avec quelques légions, soumit les Gaules, l'Afrique et une partie de l'Asie. Et, pour citer un seul moderne, Gustave avec vingt-cinq mille Suédois fut la terreur de l'Empire. Ces grands hommes savoient bien qu'ils alloient attaquer des armées supérieures, ils savoient qu'on leur opposeroit et plus de troupes qu'ils n'en avoient, et quelquefois des armes et des manières de combattre inconnues à leurs soldats; mais ils avoient leur plan, leur Tactique, leurs armées élevées par eux et pleines de confiance en eux. Dans la tête du petit nombre d'hommes qui les suivoient, étoit profondément gravé, que c'est la science et le courage qui donnent la victoire, et non la multitude.

Voyons particulièrement les Romains, ce peuple militaire et conquérant par sa constitution. Il eut affaire à des ennemis redoutables, à des nations courageuses et bien conduites; il les vainquit. Comment étoient composées ses armées? Elles étoient assujéties à une formation et à des proportions dont on ne s'écartoit pas, quelles que fussent les forces de l'ennemi. L'armée consulaire, c'est-à-dire, l'armée complette, étoit de cinquante mille hommes. Il y avoit ensuite l'armée tribunaire ou la demi-armée. Un danger éminent menaçoit-il la république? Elle mettoit à la fois sur pied deux armées consulaires; c'étoit son plus grand effort, et il n'eut lieu que dans deux ou trois occasions. Je ne prétends pas dire que cela puisse être imité entièrement par nos états modernes. Je ne prétends pas que dans un royaume qui a de vastes frontières, qui peut être attaqué sur plusieurs points à la fois, et dans lequel les citoyens ne sont pas soldats, on puisse se borner à n'avoir qu'une seule armée; mais je crois qu'il seroit du moins très-possible d'avoir des armées moins nombreuses, et de ne pas s'assujétir à régler leur composition intérieure sur celle des armées ennemies. Je crois que soixante et dix mille hommes devroient être la proportion de l'armée la plus considérable, et qu'une armée pareille, bien constituée et bien commandée, lutteroit avec avantage contre une de quatre-vingt et de cent mille. Je crois que tout général qui connoîtra les ressources de la Tactique, et qui sera sûr de ses troupes, ne voudra jamais que la sienne soit au-dessus de cette proportion, parce qu'il calculera que ce qu'il paroîtroit gagner du côté du nombre, il le perdroit par l'accroissement de l'embarras, par la lenteur des mouvemens et par la difficulté des subsistances. Enfin Turenne le disoit, et l'opinion de ce grand homme doit faire loi. « Toute armée » de plus de cinquante mille hommes est in» commode pour celui qui la commande et » pour ceux qui la composent ».

Mais pour qu'un général puisse oser s'écarter de la routine établie, et introduire un nouveau genre de guerre, il faut, je le répète, qu'il ait d'excellentes troupes; il faut que, si elles ne sont pas composées de l'élite des citoyens, et que la constitution de l'état soit telle que le gouvernement n'y puisse et n'y veuille rien changer, elles réparent du moins ce vice primitif par toute la perfection possible dans leur constitution intérieure, dans leur discipline et dans leur Tactique. Il faut que le temps de la paix soit mis à profit pour les former, pour instruire elles et les hommes qui doivent les commander. Les camps que je vais proposer rempliront, je crois, cet important objet.

C'est une idée bien ancienne que celle de former des camps de paix. Les Romains étoient dans cet usage, leurs légions campoient presque toute l'année. Au moyen de cette institution, la discipline de ces légions survécut quelque temps à la corruption de l'empire. Mais peu à peu le luxe pénétra dans ces camps; il y relâcha la discipline, il les peupla d'histrions, de courtisannes, d'ouvriers, de marchands, de toutes les professions nécessaires à la mollesse et à la débauche. Il en fit des villes, et alors les vertus guerrières n'ayant plus d'asile, c'en fut fait d'elles et de l'empire.

Aucune nation n'a imité les Romains; aussi aucune milice n'a égalé la leur. Louis XIV et Auguste I ont formé des camps de paix; mais c'étoient uniquement des camps de parade.

Ces princes cherchoient l'occasion de donner des fêtes d'un nouveau genre, ils faisoient ostentation de leurs troupes comme des dorures de leurs palais. Le roi de Prusse est le premier moderne qui ait formé des camps d'instruction, qui ait fait servir ces camps à exécuter des marches, des ordres de bataille, et à former des généraux. On voit le fruit qu'il en a retiré, et cependant quelle différence de ces camps de quinze jours et exclusivement destinés à rendre des troupes manœuvrières, à ces camps stables où les Romains bravoient les saisons, remuoient la terre, plioient à la guerre leurs corps et leurs esprits!

Pendant la paix dernière on a formé aussi des camps en France, mais on n'avoit pas alors les premières notions de la Tactique; on faisoit bonne chère, on manœuvroit pour les dames, on se séparoit sans avoir rien appris. Pendant cette paix nous formons tous les ans des camps, et ils ne sont guère plus utiles. Le temps s'y passe en revues et en exercices de détail. C'est à qui y paroîtra avec les armes les plus brillantes, les soldats les mieux tenus; c'est à qui y surprendra le plus adroitement de petits suffrages et de grosses pensions. On n'y exécute point de manœuvres du grand genre et propres à former des officiers généraux; on brigue pour y venir ou pour y revenir l'année suivante. Si, au milieu de ces futilités, quelques officiers plus éclairés élèvent la voix pour dire que ces camps ne remplissent pas l'objet, qu'il faut rassembler une armée et l'instruire aux grandes opérations de la Tactique, on leur répond, ou qu'il n'en est pas encore temps, ou que les officiers généraux ne sont pas faits pour venir à l'école.

CHAPITRE XI.

Projet d'un Camp d'instruction ; composition et Division de l'Armée qu'on propose d'y rassembler.

Si les troupes étoient constituées ainsi qu'elles devroient l'être, je parlerois de former des camps à l'instar de ceux des Romains ; des camps où éloignées des villes et des vices, elles fussent dans l'exercice continuel des travaux de la guerre, et où l'on pût faire faire un cours complet d'éducation ; car c'est cet entrelacement de vie citadine et de vie militaire qui rend nos troupes molles et peu propres aux grandes choses ; c'est lui qui détourne nos officiers de l'étude ; c'est Paris sur-tout qui est le tombeau des talens. Là les caractères s'atténuent, les courages s'énervent, les mœurs se corrompent, l'application se relâche; là on ne prend que des idées de fortune au lieu d'idées de gloire, et c'en est fait de l'honneur, de toutes les vertus, de l'état par conséquent, quand l'ambition des particuliers a pris ce cours funeste.

Mais en attendant qu'une révolution presque miraculeuse opère ce changement, il faut proposer des choses qu'on puisse et qu'on veuille exécuter. Il faut, ne pouvant faire des troupes citoyennes et parfaites, les rendre du moins disciplinées et instruites. Je propose donc de former tous les ans des camps de trois mois seulement, et d'y rassembler des armées composées, divisées, organisées comme elles devront l'être à la guerre. Celle dont je donne le tableau ci-après, et que je vais employer à l'exécution de toutes les opérations de la grande Tactique, sera une armée de cinquante mille hommes, et par conséquent une armée du second ordre. L'instruction de celle-là pourra facilement s'appliquer à une moins nombreuse ou à une plus considérable, à une de soixante ou soixante-dix mille hommes que je regarde comme une armée du premier ordre, et comme le nombre qu'il ne faut jamais passer.

Tableau motivé de la composition et division de l'armée proposée pour un camp d'instruction.

Quatre-vingts bataillons.

Quatre-vingts escadrons de cavalerie ou dragons.

Deux mille hommes de troupes légères presque tous à cheval.

Cent cinquante pièces de canon.

On doit se rappeler que dans mon plan de constitution, j'établis que mes bataillons ne seront jamais à plus de quatre cent cinquante combattans, et mes escadrons à plus de cent vingt. Par conséquent l'armée proposée ne se trouveroit être, tant infanterie que cavalerie, que de quarante mille quatre cents hommes, non compris les troupes légères et l'artillerie.

Il est clair que s'il s'agissoit de former une armée de cet ordre pour la guerre, et que cette guerre dût se faire dans un pays difficile pour la cavalerie, on diminueroit le nombre des troupes de cette arme pour se renforcer d'une quantité proportionnée d'infanterie.

J'ai dit, dans mon Essai sur les troupes légères, pourquoi je voudrois qu'elles fussent presque en entier composées de cavalerie, et comment je pense qu'elles devroient être constituées.

Mes cent cinquante pièces de canon consisteroient en 6 pièces du calibre de seize, 30 de douze, 50 de huit, 40 seulement du calibre de quatre, et de ce que nous appelons *quatre longues*, et 24 obusiers. Je n'attacherois point de canon aux régimens en temps de guerre : j'aurois dans les places les plus voisines du pays où elle se feroit, des dépôts d'artillerie de campagne, dont je tirerois les remplacemens dont j'aurois besoin ; si je prévoyois devoir faire des sièges, j'y aurois les trains nécessaires pour cet objet ; de plus, indépendamment des attelages ordinaires de toutes les pièces, il y auroit un tiers d'attelages haut-le-pied, tant à la suite du parc que dans les dépôts à portée de l'armée.

On peut juger maintenant d'après quelle échelle de proportion je partirois pour former une armée du premier ordre. Le dernier terme de sa force seroit, je le répète, de soixante et dix mille hommes ; mais quand je dis des hommes, ce n'est pas à dire des soldats fictifs ou des recrues, ce seroient des combattans, des soldats instruits, formés et toujours entretenus au complet. Pourquoi ai-je choisi pour l'exécution des opérations de la grande Tactique, une armée du second ordre ? C'est afin de mieux faire entendre combien la multitude est inutile, et le parti qu'on peut tirer d'une armée de moyenne force et bien constituée. Je passe maintenant à l'ordre de bataille de cette armée, c'est-à-dire, à la disposition primitive de campement et d'organisation.

Les quatre-vingts bataillons seront partagés en trois divisions, appelées divisions de droite, de gauche et de centre. Chaque division, composée de vingt-quatre bataillons, dont douze en première et douze en seconde ligne, sera commandée par un lieutenant-général qui aura sous lui un second lieutenant-général et trois maréchaux de camp.

Les huit bataillons restans seront divisés en deux brigades de quatre bataillons, appelées brigades de flanc; chacune d'elles, commandée par un maréchal de camp, campera en potence sur le flanc de la cavalerie, et dans la disposition, se placera où le général la jugera le plus nécessaire.

Les deux ailes de cavalerie formeront chacune une division de quarante escadrons, dont vingt en première et vingt en seconde ligne; cette division sera commandée par un lieutenant-général et quatre maréchaux de camp.

Qui pourra croire que les anciens aient connu cet ordre de division, et que nous ayons été si long-temps à l'appliquer à nos armées devenues cependant si compliquées et si nombreuses? On lit dans Quinte-Curce que l'armée d'Alexandre étoit partagée en plusieurs divisions; il nous dit leur nombre, leur force, et les généraux qui les commandoient; cela prouve que beaucoup de gens lisent sans fruit, et que les choses simples et grandes ne frappent pas la plupart des hommes.

Les troupes légères seront campées en avant et sur les ailes de l'armée; elles auront l'avant-garde des mouvemens que fera l'armée ou couvriront ses flancs; elles tiendront rang dans la disposition de combat, et serviront ordinairement à renforcer les ailes, et à menacer les flancs et les derrières des ennemis. On les fera soutenir au besoin par les dragons tirés de la ligne, et par des corps d'infanterie.

L'artillerie sera partagée en trois divisions, chacune attachée à une division d'infanterie et composée de trente-six bouches à feu, formant six subdivisions de six pièces chacune, de manière que chaque division soit composée d'un nombre égal de pièces de même calibre. Une autre subdivision de six pièces sera parquée en avant de l'armée, et sera appelée subdivision d'avant-garde. Le reste de l'artillerie, dont le canon de seize et la moitié des obusiers, formera la division de réserve et la tête du gros parc, où seront toutes les voitures d'attirail et de dépôt.

L'ordre de bataille de cette armée présenté *Planche* III, doit faire connoître quel seroit celui d'une armée du premier ordre. Il seroit le même, à l'exception que, pour ne pas rendre les divisions d'infanterie trop fortes et trop pesantes pour les manoeuvres, on en formeroit quatre au lieu de trois. Le partage de l'artillerie suivroit le même principe. Quant à la cavalerie, comme mon opinion ne seroit pas de l'augmenter considérablement, persuadé que ce qui doit constituer principalement la différence d'une armée du premier ordre à une du second, c'est l'augmentation de l'infanterie, je laisserai de même chaque aile former sa division.

Obligé de me conformer ici au plan de notre constitution actuelle, je subdiviserai l'infanterie en brigades de quatre bataillons chacune, et la cavalerie en brigades de huit escadrons ou de deux régimens. Si le plan de constitution que je proposerai dans mon grand ouvrage, avoit lieu, cette division seroit encore plus simple : chaque régiment d'infanterie, composé de trois bataillons, formeroit une brigade, et ainsi chaque régiment de cavalerie, que je composerois de sept escadrons. Mais c'est au reste une chose bien peu importante en elle-même que cette subdivision, et quelle qu'elle fût, la grande tactique que je vais exposer, sauroit en tirer parti.

Ce qui est plus important, et ce sur quoi il faut que je revienne, c'est le nombre des officiers généraux. On voit combien je m'écarte de l'usage où nous sommes d'en surcharger les armées. Je trouve qu'il ne faut pour commander les divisions d'une armée comme celle du camp d'instruction, que dix lieutenans-généraux et vingt maréchaux de camp. Suivant cette opération, chacun commande un nombre de troupes convenable à son grade. Le lieutenant-général commandant une division et celui qui est sous lui, ont à leurs ordres vingt-quatre bataillons, et les maréchaux de camp, qui sont sous eux, en ont chacun huit. Dans la cavalerie, deux lieutenans-généraux ont quarante escadrons à leurs ordres, et les maréchaux de camp, qui sont sous eux, en ont chacun dix. Je veux maintenant que, pour les occasions extraordinaires, comme commandement d'avant-garde, de détachement dans les places, commission particulière, remplacement des officiers-généraux qui viendroient à manquer, on porte, en temps de guerre, ce nombre à douze lieutenans-généraux et vingt-quatre maréchaux de camp. Je suivrai la même proportion dans une armée du premier ordre.

En n'employant ainsi strictement que le nombre nécessaire d'officiers-généraux, on diminue la quantité immense d'équipages et d'embarras qui est à la suite de nos armées : on se trouve forcé de chosir avec plus d'attention les officiers-généraux qu'on emploie : ceux qu'on choisit, ayant des commandemens plus étendus et des occasions plus fréquentes, s'instruisent plus facilement. De-là ces grades éminens prennent la considération qu'ils doivent avoir, et les troupes s'accoutument à les respecter. Aujourd'hui, à peine les regardent-elles ; tant de gens en sont revêtus ! Il y en a tant à la suite des armées et par-tout ! Tant de gens, en un mot, traînent ces grades à la honte du militaire, ou à son détriment !

Il y auroit bien des réflexions à faire à cet égard. Il y en auroit bien à faire sur ce que nous appelons *Etats-majors d'armée*. Je pourrois prouver que ces derniers, tels que nous sommes dans l'usage de les former, sont compliqués, contraires au secret des opérations et à la simplicité du service. Je pourrois prouver que la plupart du temps ils sont composés des créatures des généraux et des ministres, plutôt que des hommes de la chose. J'aurois à parler sur-tout de la classe de ces états-majors à laquelle sont confiés les détails des marches, des reconnoissances, des subsistances, etc. On est, sur ces grands objets, sans principes et sans théorie, on procède par routine. Il faudroit que le maréchal-général des logis d'une armée et ses principaux aides fussent des officiers consommés dans la grande tactique, et qui, à l'ensemble des vues générales, joignissent la connoissance des détails. Il faudroit que ces sortes d'emplois fussent, non des places à jeunes gens et des débouchés pour arriver, mais des emplois distingués où il n'y eût que les talens prouvés d'admis. Il faudroit enfin que ces emplois subsistassent en temps de paix; qu'ils fussent mis en activité dans les camps d'instruction; que pendant le reste de l'année, on leur assignât des commissions et des courses relatives à leurs fonctions. Tout cela vaudroit la peine d'être approfondi, et cela le sera dans la suite de cet ouvrage.

J'ai parlé, dans la théorie des ordres de bataille, d'une avant-garde qui devoit marcher à la tête de l'armée et à la faveur de laquelle le général devoit déterminer les mouvemens de ses colonnes et la disposition qui seroit à prendre : je dois expliquer ici plus particulièrement quel est l'objet de cette avant-garde, et comment elle doit être composeé.

On appelle généralement avant-garde tout corps placé en avant de l'armée et destiné à précéder ses mouvemens. Quelquefois on a des avant-gardes détachées de l'armée et qui la précèdent de quelques lieues. Il y a des opérations où ces corps détachés peuvent être utiles ; mais en général il faut éviter de morceler ainsi les armées ; car est-on supérieur à l'ennemi ? on se remet par ce morcellement, de niveau avec lui ; on s'expose à faire battre ces corps détachés, et à perdre en détail l'avantage qu'on auroit eu, si l'on fût resté en masse. Est-on inférieur à l'ennemi ? on doit à plus forte raison faire la guerre sans se morceler ; en se divisant ainsi, on se réduit à être par-tout sur la défensive, par-tout dans l'inquiétude, par-tout exposé aux échecs et aux coups-de-main. Est-on enfin en offensive décidée et généralement dans quelqu'*opération-manœuvre* que ce soit ? il faut rappeler à soi tous ses corps détachés, ses troupes légères même, et se tenir ensemble. En effet, si l'on veut attaquer, pourquoi se découvrir, s'annoncer, se mettre en prise sur quelque point ? Il seroit à desirer que, comme la foudre a déjà frappé lorsqu'on voit l'éclair, quand l'ennemi voit arriver la tête de l'armée, toute l'armée fût là, et qu'il ne fût plus à temps de parer la disposition qu'elle va prendre. Si l'on est en défensive, si l'on craint d'être attaqué, est-il une meilleure disposition que celle d'être réuni et prêt à faire résistance où l'ennemi voudra faire effort?

Si cet excellent principe de ne morceler une armée que le moins possible, pouvoit être contesté, s'il étoit besoin d'une autorité pour l'appuyer, je pourrois citer celle du roi de Prusse. Toutes les fois qu'il est en *marche-manœuvre*, son avant-garde tient toujours à ses colonnes, et elle n'en est jamais éloignée de plus d'une demi-lieue. Cette avant-garde est, comme celle que je propose, composée de troupes légères, de dragons et de quelques bataillons de grenadiers avec quelques pièces de canon. Il y est de sa personne avec les officiers-généraux commandant ses colonnes. C'est de-là qu'il reconnoît l'ennemi, et qu'il détermine l'ordre de bataille qu'il veut prendre, tenant toutes ses colonnes en mesure derrière lui, indiquant, quand son parti est pris, à chaque commandant de colonne, les points où il doit se porter et les objets qu'il doit remplir; usant, en attendant, de ses signaux pour faire faire aux colonnes les dispositions préparatoires de déployement; masquant, s'il peut avec son avant-garde, tout ce qui se passe derrière elle; puis, au moment du dernier signal pour la formation de l'ordre de bataille, portant cette avant-garde en tout ou en partie en renfort au point d'attaque, tandis qu'en même temps ses colonnes s'y développent et engagent le combat; tout ce mécanisme intérieur s'opérant au reste avec un si grand accord et une si grande vîtesse, que l'ennemi étonné n'a pas le temps de démêler la disposition qu'on va prendre, et de faire des changemens dans la sienne.

Par la même raison que le roi de Prusse, dans les marches-manoeuvres offensives, a son avant-garde presqu'immédiatement à la tête de ses colonnes; dans ses marches-manoeuvres de retraite, son arrière-garde composée de même de housards, de dragons et de grenadiers, tient à son armée. Aussi n'a-t-il jamais eu d'affaire d'arrière-garde. Le moyen que des armées lourdes et point manoeuvrières aillent attaquer une arrière-garde d'élite, et soutenue par une armée habile à s'arrêter, à prendre une disposition, à refaire au besoin un mouvement offensif en avant? Pour des troupes légères et des avant-gardes, elles ne s'y compromettront certainement pas ; elles n'auroient que des coups à y gagner.

Quant aux bataillons de grenadiers dont on voit que je veux faire usage, il faut encore que j'explique leur composition et les raisons qui m'engagent à les proposer.

Les compagnies de grenadiers de chaque brigade, jointes à un pareil nombre de compagnies de chasseurs ou autres auxiliaires de grenadiers, quelque nom qu'on leur donne, formées au commencement de la campagne, composeront, lorsqu'on le jugera à propos, un bataillon qui marchera, combattra et campera séparément.

Je propose une compagnie de chasseurs ou une seconde de grenadiers, parce qu'il faut que ces bataillons aient la force et la consistance nécessaires. D'ailleurs, c'est un vice de notre constitution, qu'elle n'existe pas en tout temps, et qu'une des ailes du bataillon soit renforcée et appuyée d'une troupe d'élite, tandis qu'il n'y en a pas à l'autre.

Je propose de rassembler et d'employer, quand on le jugera à propos, ces grenadiers en bataillon, parce que, dans une infinité d'occasions, il est avantageux d'avoir des corps sur lesquels on puisse compter ; parce que telle attaque manquée peut entraîner des suites funestes ; parce que telle course, telle expédition de longue haleine que je ferai avec des bataillons de grenadiers, je la manquerai avec des régimens de ligne. Je le propose, parce qu'il ne faut jamais avoir le dessous dans les actions de détail, et que c'est des petits succès journaliers que dépend l'esprit d'invincibilité ou de découragement, qui s'établit dans une armée ; je le propose enfin, parce qu'il n'en peut résulter aucun inconvénient, et que je crois que le grand art d'un général est d'employer ses troupes d'élite, et de n'employer, s'il se peut, qu'elles.

Il y a une occasion où on sentira, par exemple, combien la ressource de ces bataillons de grenadiers est utile. Je veux attaquer l'ennemi avec ma droite, et le contenir avec ma gauche. Les régimens de ma droite conserveront à leurs drapeaux et dans l'ordre ordinaire, leurs grenadiers ; mais je renforcerai cette aile d'une partie des bataillons de grenadiers de ma gauche. L'ennemi sera, au moyen de cela, attaqué par des forces supérieures, et il n'appercevra point les parties affoiblies de ma disposition. Car à ma gauche paroîtra toujours le même nombre de bataillons, et quiconque a fait la guerre sait que les drapeaux se comptent, et que les illusions qu'on fait sur le nombre des troupes, quoique ce soit un moyen bien usé, remplissent toujours leur effet.

Il me reste à parler du choix des emplacemens et de la dépense des camps d'instruction. Les premiers peuvent se trouver facilement. Il n'y a point de province du royaume qui n'en offre. Il y en a peu où il n'y ait de grands terreins incultes ; mais il faudroit de préférence choisir les provinces de l'intérieur ; les provinces qui, regorgeant de denrées, manquent de vivification et d'argent. Il faudroit sur-tout éloigner ces camps de la cour et de la capitale. Quant à la dépense, elle ne sera pas considérable, elle ne le sera guère plus que celle des camps inutilement rassemblés à Compiègne : elle le seroit même bien moins, si l'on vouloit réprimer le luxe des tables et l'énorme profusion des graces pécuniaires ; si l'on vouloit ramener le militaire à l'esprit de désintéressement, à l'austérité des moeurs, qui devroient faire la base de sa constitution. Enfin, en attendant que cette révolution s'opère, de pareils camps coûtassent-ils deux millions chaque année, à quel avantageux intérêt ce capital ne seroit-il pas placé, si la gloire de nos armes, si quelques batailles gagnées en étoient le fruit !

CHAPITRE XII.

Manœuvres qui devront être exécutées dans le camp d'instruction.

J'EN ai dit assez pour pouvoir maintenant passer, sans préambule, à l'exécution de tous les ordres de marche et de bataille. Je vais donc les exposer ici en forme de journal, et dans le rang selon lequel ils devront être exécutés. Je dis dans le rang, parce qu'il faut passer de l'un à l'autre, suivant la connexion qu'ils ont entr'eux, exécutant d'abord ceux qui sont les plus simples, et ensuite ceux qui sont les plus composés, et s'attachant à répéter le même jusqu'à ce qu'il ait été parfaitement conçu par les troupes et par les officiers-généraux.

J'expliquerai chaque manœuvre par le moyen de l'ordre de marche et de disposition, tel que je suppose qu'il devroit être donné à l'armée ; cet ordre sera accompagné d'une planche qui représentera les différens mouvemens qui devront être exécutés. Il me semble que la meilleure manière d'expliquer une manœuvre, est celle de donner l'instruction dont les troupes auroient besoin pour l'exécuter.

Toutes les manoeuvres auront pour base l'ordre primitif de l'armée, figuré *Pl.* III. Dans cet ordre de bataille, j'ai numéroté les brigades, afin de montrer la manière dont elles devront être rangées, et pour qu'on puisse suivre leurs mouvemens sans confusion dans les plans qui les représentent.

PREMIERE MANOEUVRE.

Planche IV.

Ordre de marche de front, suivi d'un ordre de bataille parallèle.

L'ARMÉE marchera sur cinq colonnes, chaque division d'infanterie et de cavalerie formera la sienne, et se mettra en marche par la droite, par la gauche ou sur le centre, relativement à la situation du chemin qu'elle devra suivre (1).

Les deux brigades de flanc marcheront chacune à la queue de la colonne d'infanterie de leur aile (2).

(1) La *fig.* 1, *pl. IV*, présente l'armée en ordre de marche.

(2) Lorsque la nature du pays exigera qu'on joigne de l'infanterie aux colonnes de cavalerie, ces brigades de flanc en prendront la tête ou la queue.

Chaque division d'artillerie marchera à la tête de la division d'infanterie à laquelle elle est attachée, précédée seulement d'un bataillon de grenadiers de seconde ligne de cette division, qui, à cet effet, prendra la tête de la colonne (1).

L'avant-garde sera composée des troupes légères, de deux régimens de dragons, de six bataillons de grenadiers de la seconde ligne, de deux pièces de canon de gros calibre. Elle ne précédera jamais l'armée que de deux ou trois mille pas, et marchera par le chemin de la colonne du centre (2).

(1) On n'entend ici que les pièces de canon avec les caissons indispensables pour fournir à la consommation du premier moment; car toutes les voitures d'attirails doivent marcher à la queue des troupes. Lorsqu'on ne croira pas avoir besoin d'une si grande quantité d'artillerie à la tête des colonnes, on y en mettra moins; on fera enfin, à cet égard, ce qui sera dicté par les circonstances.

(2) Dans les marches de front, ce doit toujours être par le chemin de la colonne du centre que doit marcher l'avant-garde, parce que de-là elle est bien plus en mesure de renforcer une des deux ailes suivant les circonstances. C'est de-là d'ailleurs, que le général peut le mieux observer la disposition générale des ennemis, et diriger les mouvemens de ses colonnes.

Le général de l'armée s'y trouvera, ainsi que les chefs des états-majors et les lieutenans-généraux commandant les divisions : ces derniers s'y rendront à cet effet, aussitôt que leurs colonnes seront en mouvement.

Les troupes légères détacheront deux ou trois cents chevaux en avant de chaque colonne des ailes. Ces détachemens marcheront par échelons, et communiqueront avec l'avant-garde.

L'officier-général commandant la colonne de cavalerie de chaque aile, enverra avec ces détachemens un ou deux officiers intelligens, pour observer, pendant la marche, toute la nature du pays sur le front, afin que, si l'on est obligé de se mettre en bataille, le terrein soit connu, et qu'il puisse faire en conséquence ses dispositions d'attaque ou de défense. Combien de fois arrive-t-il, faute de cette précaution, qu'une colonne venant à se former, ne connoît pas le terrein qui la sépare de l'ennemi ?

Toutes les colonnes marcheront, autant qu'il sera possible, à la même hauteur, se réglant à cet effet sur celle du centre, qui se réglera de son côté sur les ordres que le général lui enverra de l'avant-garde.

Lorsque la nature du terrein ne permettra

pas aux colonnes de se voir, les officiers-généraux, qui les commandent, enverront des officiers entendus sur leurs flancs pour chercher des points intermédiaires, d'où ils puissent découvrir la marche des autres colonnes, et leur en rendre compte.

Les colonnes d'infanterie marcheront d'un pas libre et déterminé, ayant à leur tête un officier à pied qui en réglera la vîtesse (1).

Les colonnes de cavalerie, devant se tenir à hauteur des colonnes d'infanterie, régleront leurs mouvemens en conséquence.

L'armée marchera dans cet ordre une ou plusieurs lieues, jusqu'à ce qu'elle soit arrivée sur le terrein où le général jugera à propos de la mettre en ordre de bataille.

Alors il sera tiré un coup de canon de l'avant-garde : ce premier signal avertira l'armée qu'elle approche du terrein où doit se faire le déployement (2).

(1) Dans toutes les colonnes composées de beaucoup de troupes, la marche devra être moins accélérée; car plus il y a de troupes dans une colonne, plus celles qui sont à la queue seroient fatiguées, si celles de la tête ne marchoient pas un pas proportionné à l'allongement de la colonne.

(2) Ce signal se fera toujours mille ou douze cents pas avant que les colonnes n'arrivent sur le terrein du

Toutes les colonnes se mettront à même hauteur, et prendront entr'elles les distances nécessaires. On suppose que ces distances seront déterminées par les chemins jalonnés, toutes les fois que le terrein aura permis de faire l'ouverture de la marche suivant les principes établis.

La distance d'une colonne à l'autre devant être égale au front des troupes qu'elle aura à déployer en première ligne; et chaque colonne d'infanterie étant ici composée de vingt-quatre bataillons, dont douze en première ligne et douze en seconde, elles observeront de l'une à l'autre 1800 pas (1).

De quelque manière que doivent déployer les colonnes d'infanterie, soit sur la droite, sur la gauche ou sur le centre, leur distance entr'elles une fois combinée sur le nombre et la forme des bataillons de première ligne, doit être égale et toujours la même.

déployement, afin qu'elles aient le temps de se remettre à hauteur, de prendre leur distance, et ensuite de doubler par division et de se préparer au déployement.

(1) On suppose qu'il faille ici 150 pas à chaque bataillon pour se mettre en bataille; s'il en falloit ou moins ou davantage, les distances des colonnes seroient calculées en conséquence. Ce sont des pas de deux pieds dont il est ici question.

Quant aux colonnes de cavalerie, si le déployement général se fait sur la droite, celle de la droite laissera entr'elle et la colonne d'infanterie qui est à sa gauche, les 1800 pas nécessaires pour le déployement de cette colonne, et de plus 150 pas pour l'intervalle qui doit rester entre l'escadron de la gauche et le bataillon de l'aile droite de l'infanterie : la colonne de cavalerie à la gauche, laissera entr'elle et la colonne d'infanterie qui est à sa droite, l'intervalle nécessaire pour déployer ces douze escadrons de première ligne, et de plus 150 pas qui doivent rester en intervalle entre l'extrémité de son aile droite et l'aile gauche de l'infanterie.

Si le déployement général se fait par la gauche, la colonne de cavalerie de la droite laissera entr'elle et la colonne d'infanterie qui est à sa gauche, l'intervalle prescrit ci-dessus à la colonne de cavalerie de la gauche, et celle-ci l'intervalle prescrit à celle de la droite.

Si le déployement général se fait sur le centre, chaque colonne de cavalerie laissera entr'elle et la colonne d'infanterie qui est à côté d'elle, le terrein nécessaire pour le déployement de la moitié de cette colonne, de plus les 150 pas d'intervalle qui doivent rester entre la cavalerie et l'infanterie, et ensuite l'intervalle nécessaire pour déployer les six escadrons.

Lorsque les colonnes arriveront à 7 ou 800 pas du terrein où elles devront déployer, il sera fait un second signal d'un coup de canon; alors elles quitteront la marche de route, serreront les rangs, se formeront par divisions, prendront ensuite l'ordre du déployement à distance serrée, et commenceront de marcher en avant au pas redoublé, augmentant d'attention pour aligner leur tête sur celle des colonnes voisines.

La partie de colonne qui devra déployer en seconde ligne, observera en même temps 300 pas de distance, qui est l'intervalle nécessaire entre les lignes, à compter de la division qui devra lui servir d'alignement dans son déployement à celle qui devra servir d'alignement au déployement de la première ligne. Par exemple, comme ici le déployement se fait par la gauche, cet intervalle sera compté de la première division du premier bataillon de la colonne à la première division du treizième bataillon.

Les colonnes de cavalerie observeront la même précaution.

Quand les colonnes arriveront au point d'alignement que le général aura désigné aux officiers-généraux commandant les divisions, il sera fait un troisième signal de l'avant-garde; à ce signal, les colonnes d'infanterie se déployeront par la gauche de pied ferme, et au pas doublé.

L'artillerie se mettra en bataille par l'une des manoeuvres qui a été enseignée dans l'Essai de tactique qui la concerne. Les bataillons de grenadiers, qui marchent devant elle, rejoindront leurs brigades.

Les colonnes de cavalerie se déployeront par les mêmes mouvemens que celles d'infanterie.

Dans tous les ordres de bataille quelconques, la première ligne de cavalerie sera formée en muraille, et la seconde avec des intervalles entre chaque escadron. Ce principe a deux avantages; 1°. quand la première ligne est battue, elle ne renverse pas la seconde; 2°. la seconde ligne, en débordant ainsi la première, assure et protège son flanc.

Les brigades de flanc se mettront promptement en potence sur le flanc des lignes d'infanterie : si elles trouvent un rideau avantageux qui puisse les couvrir, elles se tiendront en colonnes par division sur ce flanc, et prêtes à y faire face en se mettant en bataille; sinon elles appuyeront une de leurs ailes au flanc de la première ligne, et s'alongeront ainsi sur le flanc et au-delà de la seconde.

Les bataillons de grenadiers de l'avant-garde rejoindront promptement leurs brigades, à moins que le général ne jugeât à propos d'en disposer pour renforcer quelque partie de son ordre de bataille.

Les dragons passeront de même au grand trot, par des intervalles qui seront entre les ailes de cavalerie et d'infanterie, et iront se poster en troisième ligne derrière le centre de l'infanterie.

Les troupes légères se jetteront sur le flanc des ailes de cavalerie, afin d'être à portée d'inquiéter les ennemis à dos et à flanc.

Le déploiement fini, l'armée se trouvera formée sur deux lignes parallèles à celle A B, qu'on suppose être la position de l'ennemi.

Les lignes étant formées s'aligneront promptement sur le centre. Le général pourra ensuite ordonner qu'elles marchent en avant 1000 ou 1200 pas : après cela, l'armée se reposera sur les armes, se reformera quelque temps après en colonnes de marche, et rentrera par les mêmes chemins dans son camp.

On doit se rappeler ce que j'ai dit au sujet de l'abus de vouloir faire marcher une armée en bataille dans un alignement parfait. Cette immense mouvement ne peut s'exécuter que de la manière suivante. Le général indique les points où il veut se porter, et alors l'armée s'ébranle d'un pas égal et déterminé : chaque régiment, chaque brigade, chaque division s'alignant le plus parfaitement possible dans sa marche individuelle, chaque officier-général, commandant une brigade ou une division, réglant sa marche de manière à donner le plus d'ensemble possible aux lignes ; mais jamais, dans aucun cas, les lignes ne cherchant à s'aligner d'une aile à l'autre, et ne ralentissant leurs mouvemens pour s'occuper de la chimère de perfection et d'alignement.

SECONDE ET TROISIÈME MANOEUVRES.

Planches V et VI.

L'ORDRE parallèle, pris à la suite d'une marche de front, sera encore l'objet d'une seconde et troisième manœuvre. Dans la seconde (*Pl.* V.) le déployement général se fera sur la droite ; et dans la troisième (*Pl.* VI.) il se fera sur le centre. Voyez, pour tout le détail de l'ordre de marche et des mouvemens de ces deux manoeuvres, l'exemple précédent, n'y ayant d'autre différence dans celui-ci que l'espèce des déployemens, et les distances que doivent observer les colonnes en conséquence.

QUATRIEME MANOEUVRE.

Planche VII.

Ordre de marche de flanc, suivi d'un ordre de bataille parallèle.

On suppose l'ennemi campé en AB, ou bien marchant par son flanc pour aller occuper la position CD, et que l'une ou l'autre de ces circonstances engage l'armée à exécuter une marche par sa droite.

L'armée marchera par son flanc droit et sur trois colonnes.

L'avant-garde, composée des deux régimens de dragons et de six bataillons de grenadiers, marchera par une colonne séparée en dehors de la marche, à 2 ou 300 pas sur le flanc des colonnes et à hauteur du centre de l'armée, afin d'observer l'ennemi et de donner, s'il est nécessaire, à l'armée le temps de se mettre en bataille.

Si l'ennemi est en mouvement, l'attention de l'avant-garde doit se porter principalement sur la tête de sa marche, afin que, s'il cessoit de suivre une direction parallèle au mouvement de l'armée, et qu'il projetât de gagner son flanc pour l'attaquer vers la tête de ses colonnes, l'armée pût en conséquence changer sa disposition, et prendre son ordre de bataille sur le flanc.

Les troupes légères marcheront 2 ou 300 pas en avant de la tête des colonnes, pour, de concert avec l'avant-garde, remplir l'objet dont il est parlé ci-dessus, et particulièrement pour éclaircir le front de la marche.

Le général se trouvera à l'avant-garde, ainsi que les officiers des états-majors et les commandans des divisions.

La première colonne de gauche sera composée de toute la première ligne de l'armée, dans l'ordre qu'elle sera campée.

La seconde sera composée de toute la seconde ligne dans le même ordre.

La troisième colonne sera composée de toute l'artillerie. J'ai observé, dans mes principes sur l'ouverture des marches, qu'il falloit que le chemin de cette colonne fût ouvert le plus près qu'il seroit possible des colonnes de troupes, de manière qu'elle pût, si l'on étoit obligé de se mettre en bataille, se porter rapidement à leur appui.

Si telles étoient même les circonstances, qu'on eût à craindre que l'ennemi n'attaquât l'armée dans son mouvement, une partie de l'artillerie de chaque division, et sur-tout les pièces de gros calibre, débarrassées de toutes leurs voitures d'attirails, marcheroient à la tête et à la queue de chacune des brigades d'infanterie, se partageant à cet effet, moitié à celles de première, moitié à celles de seconde ligne, et la troisième colonne ne seroit plus composée que du reste de l'artillerie et des chariots de munition et d'attirails.

Les brigades de flanc marcheront, celle de la droite ayant deux bataillons à la tête ou à la queue de la cavalerie de la première colonne de gauche, et deux à la tête ou à la queue de la cavalerie de la seconde, suivant que la nature du pays l'exigera. La brigade de flanc de la gauche aura de même, relativement à la nature du pays, deux bataillons à la tête ou à la queue de la cavalerie de la gauche.

L'armée marchera dans cet ordre jusqu'à ce que le général juge à propos de la faire mettre en bataille.

Il sera tiré alors un coup de canon à l'avant-garde : à ce premier signal qui préviendra l'armée qu'elle approche du terrein où elle doit se mettre en bataille, les colonnes se redresseront le plus qu'il sera possible à leur file de gauche; les pelotons serreront leurs rangs, prendront leurs distances entières, et la tête des colonnes ralentira son pas. La seconde colonne, devant former la seconde ligne, se rapprochera, s'il est possible, de la première à la distance de 300 pas, qui est l'intervalle qui doit être entre les deux lignes. Le général enverra en même temps les officiers-généraux à leurs divisions, en leur indiquant les points d'alignement de la droite et de la gauche de la ligne.

Un second signal avertira l'armée de se mettre en bataille par des quarts de conversion à gauche, et les lignes se trouveront formées.

L'avant-garde rejoindra l'armée, les six bataillons de grenadiers rentrant dans leurs brigades, et les dragons passant rapidement par les intervalles de l'ordre de bataille pour aller se former derrière le centre.

Les brigades de flanc prendront leur ordre accoutumé sur les ailes de l'infanterie.

L'artillerie, si elle forme une troisième colonne, passera par les intervalles des bataillons des deux lignes, pour aller promptement se distribuer dans les emplacemens avantageux sur le front de la première ligne.

Les troupes légères se formeront sur le flanc de l'ordre de bataille. L'armée étant formée et alignée se reposera, se remettra ensuite en colonne de marche et rentrera dans le camp.

CINQUIÈME MANOEUVRE.

On exécutera le lendemain le même ordre de marche par la gauche, et l'armée se mettra en bataille par les mouvemens contraires à ceux que je viens d'exposer : cette manœuvre n'a besoin ni de planche ni d'explication.

SIXIÈME MANOEUVRE.

Planche VIII.

Autre Ordre de Marche de flanc, suivi d'un ordre parallèle.

L'ordre de marche par le flanc pourra aussi s'exécuter sur quatre colonnes, chaque moitié de ligne en formant une ; de manière, par exemple, que l'armée marchant par sa droite, la première colonne de gauche soit composée de la première ligne de l'aile droite de cavalerie, et de la moitié droite de l'infanterie de la première ligne ; la seconde colonne de la moitié gauche de cette même infanterie et de l'aile gauche de première ligne de cavalerie; les troisième et quatrième colonnes chacune de la moitié de la seconde ligne dans le même ordre.

Indépendamment de ces quatre colonnes, il y en aura une cinquième en dedans de la marche pour l'artillerie, sans compter celle au dehors de la marche que formera l'avant-garde, conformément à ce qui est dit dans la manœuvre précédente.

Il faut rappeler ici que les chemins de ces colonnes doivent être ouverts le plus rapprochés l'un de l'autre qu'il sera possible, afin qu'au moment de se mettre en bataille, les parties de seconde ligne se trouvent presque portées à la distance où elles doivent être placées.

L'armée se mettra en bataille aux signaux accoutumés, la première colonne s'alongeant sur la position déterminée, pour occuper la moitié droite de cette position ; la seconde colonne se dirigeant et s'arrêtant ensuite de manière à en occuper la moitié gauche, et les troisième et quatrième colonnes faisant les mêmes mouvemens que les première et seconde, afin de former la seconde ligne.

Observation.

Cette manière d'exécuter une marche de flanc a cela d'avantageux, qu'elle tient l'armée plus ensemble, et que par conséquent, si telles étoient les circonstances qu'on pût avoir à craindre que l'ennemi, dérobant un mouvement, ne se présentât sur la tête de la marche, l'armée se trouveroit bien plutôt en mesure de défense vis-à-vis de lui; mais il faudroit alors, à moins qu'on n'eût tout le temps nécessaire, ne pas s'assujétir à porter les troupes de la droite à la droite de la nouvelle disposition, et les troupes de la gauche à la gauche. Il s'agiroit, par les mouvemens les plus prompts, de multiplier les colonnes, de les diriger en les éloignant l'une de l'autre sur les points où elles devroient déployer, et d'arriver à un ordre de bataille, combiné sur la position que le général de l'armée auroit choisie, pour faire face à cette circonstance inattendue. Je donnerai des exemples de cette manœuvre lorsque je traiterai des ordres de bataille composés et analogues aux terreins.

L'ordre parallèle, tel que je viens de le faire prendre à l'armée à la suite de différens ordres de marche de front ou de flanc, n'est qu'une disposition primitive de campement et d'organisation, sans aucune relation avec le terrein et avec les circonstances. Quelques exemples de l'ordre oblique vont faire voir comment on s'écarte de cette disposition primitive, pour se renforcer sur un point, et refuser celui qu'on affoiblit. Nous verrons ensuite comment cet ordre oblique s'applique aux terreins et aux circonstances. Dans toutes les sciences de principes il faut aller pas à pas, et de manière que les choses simples conduisent aux choses composées.

SEPTIÈME MANOEUVRE.

Planche IX.

Ordre de Marche de front, suivi d'un ordre de bataille oblique par ligne.

L'ENNEMI qu'on veut attaquer, est supposé posté en A B, et rangé sur deux lignes, son infanterie au centre et sa cavalerie sur les ailes.

L'armée marchera sur cinq colonnes. La formation de ces colonnes, celle de l'avant-garde et tous les détails de l'ordre de marche seront les mêmes que dans la première manoeuvre.

Le général ayant, de la tête de son avant-garde, examiné la position de l'ennemi, et résolu d'attaquer son aile gauche, il indiquera aux commandans des divisions l'ordre de bataille qu'il veut prendre, l'espèce de déployement par lequel on doit y arriver, et les points qui doivent régler l'alignement. Ceux-ci rejoindront promptement leurs colonnes, afin de diriger l'exécution du déployement et de l'ordre de bataille.

Cependant les têtes des colonnes étant arrivées à 3000 pas du terrein où l'armée doit se former, il sera fait un signal de l'avant-garde. Ce premier signal avertira l'armée qu'elle approche du terrein où elle doit se déployer, et que l'ordre oblique doit se former sur la droite (1).

Les colonnes prendront entr'elles les distances prescrites lorsque le déployement se fait sur la droite. Voyez là-dessus les principes donnés dans l'ordre parallèle.

La colonne de cavalerie de la droite et la première colonne d'infanterie devant toutefois se déployer ici en entier en première ligne, elles observeront d'avoir en conséquence sur leur droite les distances nécessaires pour s'y former.

(1) Je suppose qu'on sera convenu à l'avance de différens signaux qui indiqueront à l'armée l'espèce d'ordre de bataille qu'elle devra prendre, et si c'est un ordre oblique, la partie de la disposition ennemie sur laquelle cet ordre va engager le combat.

Chaque tête de colonne restera 600 pas en arrière de la tête de colonne qui est à droite, au moyen de quoi le degré d'obliquité de la droite à la gauche sera de 2400 pas (1).

Toutes les colonnes continueront de se porter en avant, en se dirigeant insensiblement à droite, afin de gagner le flanc de l'armée ennemie.

La colonne de cavalerie de la droite et la première colonne d'infanterie devant se déployer en entier en première ligne et commencer l'attaque, elles pourront, afin d'être plus rapidement formées, commencer à partager leur terrein en formant chacune, je suppose, deux ou trois colonnes, dont les têtes se dirigeront vers les points où elles doivent se mettre en bataille : ce mouvement préliminaire est marqué dans le plan.

Les trois brigades de seconde ligne de la seconde colonne d'infanterie, se sépareront de leurs colonnes pour se diriger à droite, afin de se rapprocher de la queue de la pre-

(1) Il n'y a pas, à cet égard, de principe fixe ; le général de l'armée devant donner plus ou moins d'obliquité à sa disposition, suivant qu'il aura plus ou moins à craindre de la part de l'ennemi pour les parties affoiblies de son ordre de bataille.

mière colonne d'infanterie, ces trois brigades devant se former en seconde ligne immédiatement derrière les trois brigades de la droite.

Les trois brigades de seconde ligne de la troisième colonne feront le même mouvement à droite, afin de se mettre en mesure d'occuper, lorsqu'on se mettra en bataille, tout le terrein de la seconde ligne depuis les brigades de la droite jusqu'à la gauche.

Un second signal fait mille ou 1200 pas avant que les colonnes arrivent sur le terrein où elles devront déployer, les avertira de se préparer au déployement. Elles se formeront alors par divisions, et prendront l'ordre du déployement à distances serrées.

La colonne de cavalerie de la droite et la première colonne d'infanterie prendront leur ordre, de manière à déployer en entier en première ligne.

Il en sera de même des trois brigades de première ligne de chacune des seconde et troisième colonnes d'infanterie. On a indiqué ci-dessus la destination que doivent remplir les brigades de seconde ligne de ces colonnes.

Les vingt escadrons de la tête de la colonne de cavalerie de la gauche se porteront au grand trot et avec des intervalles entre leurs divisions, à hauteur de l'avant-garde, et ils manœuvreront de manière à faire à l'ennemi la plus grande ostentation possible de force et d'offensive, afin de l'engager à croire que la disposition d'attaque va se porter sur sa droite.

L'avant-garde s'arrêtera de son côté à hauteur du terrein où la colonne de la droite doit se déployer, et elle manœuvrera sur le front de l'armée de façon à masquer, autant qu'elle le pourra, les mouvemens que celle-ci fera derrière elle.

On voit qu'au moyen des vingt escadrons de l'aile gauche portés à hauteur de l'avant-garde étendue, et manœuvrant en avant du centre, et au moyen de la colonne de la droite dont la tête se présente à la même hauteur, on semble indiquer à l'ennemi qu'on va se former sur un alignement parallèle à son front, tandis qu'en effet cette première disposition n'est qu'un rideau derrière lequel l'armée prend un ordre de bataille, et qui disparoît au troisième signal (1).

(1) Il faut observer encore que ces mouvemens peuvent, à la faveur des différentes situations du pays, et combinés sur elles, produire une illusion plus complette; qu'ils se font à une assez grande distance de l'ennemi, et qu'en pareille circonstance l'armée à laquelle on marche, a toujours contr'elle toutes les causes acci-

Les vingt escadrons de la queue de la colonne de la gauche iront au grand trot, et, s'il se peut, en colonne serrée par division, renforcer la cavalerie de la droite, passant pour cela derrière les colonnes d'infanterie, et observant de se tenir le plus rapprochés d'elles qu'ils pourront, afin de cacher leur mouvement à l'ennemi.

Au moment que la tête de la colonne de la droite arrivera sur le terrein où elle devra déployer, ce qui sera, je pense, à 1200 pas de l'ennemi, il sera fait un troisième signal pour que l'armée se mette en bataille.

Toutes les colonnes déployeront alors par la droite, celles d'infanterie au pas doublé, et la colonne de cavalerie de la droite au galop.

La première division de chaque colonne, qui sera la division d'alignement, fera au préalable un demi-quart de conversion à gauche, pour que la ligne puisse prendre le degré d'obliquité et s'aligner sur elle.

dentelles, qui font qu'elle voit imparfaitement ce qui se présente à elle, l'incertitude des opinions qui en résultent dans l'esprit de celui qui la commande; et enfin quand ces opinions sont fixées, la lenteur des contre-mouvemens qu'il cherche à opposer.

La colonne de cavalerie de la droite se formera toute sur une ligne, et les vingt escadrons, qui arriveront de la gauche, se formeront en seconde ligne derrière elle.

La colonne d'infanterie de la droite se formera de même toute en première ligne.

On se rappelle que j'ai dit que ces deux colonnes pourroient à l'avance partager leur terrein, afin de se rapprocher des points que les brigades qui les composent doivent occuper. C'est à l'intelligence des lieutenans-généraux qui les commandent, à diriger ces mouvemens intérieurs, ainsi qu'ils le jugeront le plus convenable, pour augmenter la rapidité du déployement général.

La brigade de flanc de la droite étendra le flanc de cette aile, ou se tiendra en colonne sur le flanc des lignes d'infanterie, de manière à être en mesure de soutenir la cavalerie ou d'étendre le front de l'infanterie, si cela est jugé nécessaire. Ce seront les circonstances qui détermineront à cet égard son mouvement (1).

(1) Elle est marquée dans le plan à l'extrémité de l'aile droite de l'infanterie. Si on ne juge pas nécessaire de tant étendre cette ligne, on pourroit la placer en renfort sur le flanc, ou à tout autre point de la disposition.

La seconde et la troisième colonne d'infanterie se déployeront, moitié en première ligne, et moitié en seconde. Les brigades 15, 18 et 16 de la seconde colonne d'infanterie, se formeront en seconde ligne immédiatement derrière les trois brigades de la droite; et à cet effet, dès le premier moment du signal, elles se seront dirigées vers la droite, afin de se rapprocher de l'emplacement qu'elles doivent occuper dans l'ordre de bataille (1).

Les brigades 12, 8 et 4 de la troisième colonne, ainsi que la brigade de flanc de la gauche, occuperont le reste de la seconde ligne, laissant les intervalles nécessaires entre elles, et se tenant disposées à marcher au secours de la droite, si elle a besoin de renfort.

L'artillerie, qui est à la tête de la première

(1) On voit ici que je secoue le préjugé de l'inversion. Mes colonnes s'étant, je suppose, mises en marche par la droite, il faudroit pour mettre les troupes en bataille dans l'ordre primitif, que je les déployasse par la gauche en avant, ou par la droite en arrière; au lieu de cela je me déploie en avant par ma droite: mouvement qui place à la droite les troupes de la queue des colonnes; mais peu importe. La brigade 19 vaut la brigade 1, et je remplis par cette inversion l'objet décisif de déborder l'ennemi et de me former en avant sur l'alignement de la tête de mes colonnes: avantage que sentira quiconque voudra réfléchir.

colonne d'infanterie, se déployera promptement en avant de la droite de la ligne, et se placera particulièrement en avant de l'intervalle qui sépare la cavalerie de l'infanterie, pour commencer sur le champ son feu, observant de battre en écharpe la cavalerie ennemie, et s'attachant principalement à tirer sur les troupes.

L'artillerie qui est à la tête des seconde et troisième colonnes, aux pièces de gros calibre près qui y resteront, afin de pouvoir par leurs longues portées atteindre l'ennemi, se portera à toute jambe à la droite pour la renforcer, et fatiguer par un grand feu l'aile gauche de l'ennemi.

L'avant-garde se retirera rapidement par les intervalles de l'ordre de bataille, les dragons pour se porter à toute jambe en troisième ligne derrière la droite de l'infanterie, et les six bataillons pour renforcer l'aile de cette même infanterie, et former la tête de l'attaque ou la soutenir. Afin que ces grenadiers aient le temps d'arriver à leur destination, on pourra, dès le premier signal, commencer à les rapprocher de l'aile droite.

Les vingt escadrons de la colonne de la gauche, qui se seront portés à hauteur de l'avant-garde, se retireront rapidement, et se formeront à l'aile gauche, tous en première ligne.

Au moyen de tous ces mouvemens, voici dans quel ordre l'armée se trouvera rangée; sa première ligne sera de soixante escadrons et quarante-huit bataillons, non compris quatre bataillons en potence sur le flanc droit, et six bataillons de grenadiers en mesure de faire la tête de l'attaque ou de la soutenir. La seconde ligne sera de vingt escadrons et de vingt-huit bataillons, dont douze soutenant immédiatement la droite de la première ligne. Il y aura indépendamment de cela deux régimens de dragons en réserve et en troisième ligne derrière l'infanterie de cette aile. La totalité du renfort porté au point de l'attaque, sera conséquemment de dix-huit bataillons, vingt escadrons, deux régimens de dragons et deux divisions d'artillerie (1).

(1) On sent que, si le général jugeoit à propos d'étendre davantage la droite de sa première ligne d'infanterie, afin de déborder et d'embrasser plus complettement l'ennemi, il le pourroit au moyen de la brigade de flanc de cette aile, et de six bataillons de grenadiers qui étoient de l'avant-garde. On sent de même que, s'il vouloit la moins étendre, il pourroit alors faire déployer sa première colonne d'infanterie partie en première et partie en deuxième ligne. Dans l'ordre oblique, c'est

Ici pourra se borner la première répétition de l'ordre oblique, afin que les troupes commencent par connoître parfaitement et sans confusion les mouvemens intérieurs par lesquels il se forme. A la seconde on exécutera ce qui suit ci-après, pour leur faire connoître la manière dont on doit attaquer l'ennemi, après que l'ordre de bataille est formé, et l'objet de cet ordre.

Aussitôt que la cavalerie de l'aile droite sera en bataille, l'officier-général qui la commande, sans égard au déployement du reste de l'armée qui s'achèvera pendant son mouvement, s'ébranlera pour marcher à l'ennemi, en faisant donner le signal par les trompettes de la brigade du centre.

Les 1200 pas que la cavalerie aura à parcourir pour arriver sur l'ennemi, seront faits avec la progression de vîtesse et de mouvement recommandée pour les manœuvres de charge dans la Tactique de la cavalerie.

L'officier-général, qui conduit l'aile droite

sur les colonnes des ailes que roule tout le mécanisme de la disposition; c'est par elles qu'on étend son front, et qu'on se renforce sur le point qui doit attaquer; ce sont elles enfin qui deviennent le marteau et la partie agissante de l'ordre de bataille.

de la ligne de cavalerie, observera de prendre dans son mouvement ses points de direction, de manière à faire usage de toute la partie de son aile qui déborde l'ennemi, pour l'embrasser et l'attaquer en flanc.

La seconde ligne suivra la première au trot.

Aussitôt que la première ligne de cavalerie aura parcouru les 1200 pas prescrits, ce qui supposeroit avoir renversé celle des ennemis, elle fera halte pour reformer ses escadrons, détachera quelques petites troupes pour poursuivre les fuyards et les empêcher de se rallier, et manœuvrera sur le champ sur le flanc et à dos de l'infanterie ennemie, pendant que l'infanterie de la droite de l'oblique l'attaquera de front.

La seconde ligne soutiendra au petit trot les cavaliers envoyés à la suite des fuyards.

Dès que les bataillons qui sont en potence sur le flanc verront le succès de la cavalerie, ils feront un quart de conversion à gauche, pour renforcer et étendre la ligne de l'infanterie.

Les troupes légères profiteront aussi de ce premier avantage, pour pénétrer sur les derrières de l'ennemi et augmenter son inquiétude.

En même temps que la cavalerie s'ébranlera pour charger ce qui est devant elle, la droite de l'infanterie marchera à l'ennemi au grand pas, en décrivant comme une espèce de mouvement circulaire, pour tomber sur son flanc. Tout le reste de l'armée appuyera à ce mouvement et en suivra la direction. Ce quart de conversion ne se fera pas avec la lenteur et la précision d'une ligne qui voudroit l'exécuter de la droite à la gauche ; l'officier-général, qui conduira la droite de l'aile, observera seulement, en la menant à l'ennemi, de prendre son point de vue au-delà de son front, s'il le déborde, afin de l'attaquer à revers.

Il ne s'agit pas au reste de pouvoir atteindre dans cette manœuvre à toute la vraisemblance de la guerre, puisqu'on n'a ni ennemi ni obstacles devant soi ; il est question seulement de faire connoître que l'objet de l'oblique est de charger brusquement l'aile qu'on déborde, et puis sur le champ de pousser son avantage et de prendre les lignes de l'ennemi à revers et en flanc, l'armée décrivant, pour remplir cet objet, une espèce de demi-quart de conversion, et poussant ensuite l'ennemi devant elle jusqu'à ce qu'elle l'ait entièrement battu.

On pourra, si l'on veut (mais ce ne doit être que quand les troupes seront parfaitement instruites), suspendre de temps en temps le mouvement de l'aile droite, comme si, arrêtée effectivement par l'ennemi, elle avoit à le combattre, et faire faire alors aux bataillons feu par pelotons, puis, après quelques décharges, les faire remarcher en avant comme ayant eu l'avantage. Ce sera à l'officier-général, commandant l'aile droite supposée en engagement avec l'ennemi, à conduire cette manœuvre, et toute l'intelligence des officiers-généraux qui conduisent le reste de la ligne, consistera à suivre le mouvement de cette aile, marchant toujours de concert avec elle, et achevant de remplir le quart de conversion : objet définitif de la manœuvre, puisque, quand il est achevé, on est censé maître du champ de bataille de l'ennemi.

Aussitôt que la droite de la ligne sera arrivée en O, ce qui supposeroit avoir renversé l'aile gauche de l'ennemi, elle s'arrêtera, ainsi que tout le reste de l'armée, les lignes se redresseront et se reposeront, ensuite elles se formeront en colonnes de marche, et rentreront au camp.

Observation sur la Manœuvre précédente.

On doit se rappeler ce que j'ai dit de la formation de l'ordre oblique en ligne, en traitant des différentes espèces d'ordre de bataille. J'ai annoncé que ce n'étoit qu'une manœuvre de principe, et uniquement faite pour conduire à l'intelligence des autres manières d'exécuter l'ordre oblique. Lorsque le roi de Prusse, dans ses camps de paix, voulut donner à ses officiers-généraux les premières notions de l'ordre oblique, il l'exécuta tel que je viens de le détailler ci-dessus, et ce ne fut qu'ensuite qu'il le fit former par échelons. Il sembla même se réserver pour la guerre le secret d'appliquer cet ordre aux terreins, et se bornant à avoir organisé sa machine, à en avoir préparé les ressorts, ce ne fut qu'à Lissa, à Hohenfriedberg, et dans quelques autres grandes occasions, qu'il mit en exécution ce chef-d'œuvre de sa Tactique. Je vais donner ci-après des exemples de l'ordre oblique par échelons. On verra combien cet ordre est simple, commode, susceptible d'action et applicable à tout ce que la guerre peut offrir de terreins et de circonstances.

HUITIÈME MANOEUVRE.

Planche X.

Ordre de Marche, suivi d'un ordre de bataille oblique par échelons et en déployant sur le centre.

L'ARMÉE marchera sur cinq colonnes. Voyez pour la formation des colonnes, pour celle de l'avant-garde et pour le détail de l'ordre de marche, la première manœuvre de l'ordre parallèle.

Lorsque le premier signal indiquera aux colonnes de prendre leurs distances, la première et la seconde colonne continueront de marcher à la même hauteur. Voyez pour celle que les autres colonnes devront observer de l'une à l'autre, et pour toutes les précautions antérieures au déployement, la septième manœuvre ; n'y ayant d'autre différence dans celle-ci, sinon que les colonnes se déployent par le centre, et que l'obliquité se prend par échelons.

La première colonne observera d'avoir à sa droite le terrein nécessaire pour déployer 20 escadrons.

La seconde colonne laissera entr'elle et la première le terrein nécessaire pour déployer 12 bataillons, 20 escadrons, et de plus 150 pas d'intervalle qui doivent rester entre la cavalerie et l'infanterie.

La troisième colonne laissera entr'elle et la seconde le terrein suffisant pour déployer 18 bataillons.

La quatrième laissera entr'elle et la troisième le terrein pour en déployer 12.

La cinquième laissera entr'elle et la quatrième le terrein nécessaire pour contenir 6 bataillons, 10 escadrons, et de plus 150 pas d'intervalle qui doivent rester entre la cavalerie et l'infanterie.

Au troisième coup de canon, qui indiquera à l'armée de se mettre en bataille, toutes les colonnes se déployeront sur le centre, sans qu'au préalable les divisions d'alignement fassent des demi-quarts de conversion.

La première et la seconde colonne ayant marché à la même hauteur, se formeront en bataille sur le même alignement; elles se déployeront en entier en première ligne, et leur seconde sera formée, ainsi que dans l'exemple précédent, par des troupes des autres colonnes.

A l'égard des troisième, quatrième et cinquième colonnes, qui ont marché à 600 pas de hauteur l'une de l'autre, dès qu'elles seront déployées, elles resteront en échelon par division, ainsi qu'il est marqué dans le plan par des lignes ponctuées; ou bien, si le général l'ordonne, elles formeront l'échelon par brigade ou par bataillon. Ces trois manières sont marquées dans le plan, et les deux premières sont préférables. Soit que les échelons se forment par division, par brigade, ou par bataillon, ils seront placés chacun en arrière de celui qui est à sa droite, et son flanc droit à hauteur perpendiculaire du flanc gauche dudit échelon.

Voyez, pour les mouvemens des brigades de seconde ligne, et pour ceux de l'avant-garde, l'exemple de la manœuvre précédente.

L'armée, ayant achevé son déployement, formera deux lignes de la même force que celles de la manœuvre susdite; mais ici l'oblique sera en échelons, les divisions, brigades ou bataillons, qui formeront ces échelons, étant rangés parallèlement au front de l'ennemi, et s'éloignant de lui successivement de la droite à la gauche, tandis que l'aile droite qui devra commencer l'attaque, formera une espèce de marteau en avant de cette oblique.

Voyez, pour le mouvement de la cavalerie

de la droite, après qu'elle sera déployée, ce qui est dit dans la sixième manoeuvre.

Lorsqu'elle aura battu celle de l'ennemi, toute l'infanterie de la droite marchera d'abord en avant, le reste de l'armée s'appuyant à elle et suivant son mouvement, en observant toujours d'ailleurs la distance et le degré d'obliquité prescrits.

Si la droite a besoin de secours, elle sera renforcée successivement par toutes les brigades de la ligne, l'ordre de bataille ne faisant alors que se raccourcir, et les bataillons destinés à renforcer la droite, n'ayant qu'à marcher par le flanc ou en demi-quart de conversion pour se porter à l'attaque.

A mesure qu'elle aura du succès, et que la droite se portera en avant, l'armée appuyera à elle et suivra son mouvement, de manière à ne jamais s'en désunir, chaque bataillon portant pour cela son aile gauche en demi-quart de conversion, afin de marcher plus facilement vers le flanc.

L'objet de l'aile droite sera toujours de gagner du terrein sur la droite, pour prendre l'ennemi à revers, et de se former sur son flanc.

Lorsque la gauche de l'ennemi sera entièrement battue, et que la droite de l'armée sera formée sur le terrein qu'il occupoit, les divisions, brigades et bataillons se rapprocheront l'un de l'autre, de manière à former deux lignes contigues, et à pousser ainsi de front ce premier avantage, jusqu'à ce que la droite de l'armée, arrivée au point P, soit supposée avoir mis entièrement l'ennemi en déroute (1).

Alors les lignes se redresseront, se reposeront sur les armes, et quelque temps après, se remettront en colonnes de marche pour rentrer dans le camp.

Remarque. Il est inutile d'observer que cet ordre oblique par échelons peut s'exécuter également par la gauche, et en déployant les colonnes par la droite ou par la gauche.

(1) On a déjà observé dans la septième manœuvre, qu'on ne pouvoit ébaucher que d'une manière imparfaite et approximative les mouvemens de l'armée, après qu'elle a pris son ordre de bataille, parce qu'à la guerre, ce sont les circonstances, la nature du terrein et la résistance de l'ennemi qui déterminent les mouvemens; mais cette ébauche suffira pour donner à tout homme de guerre une idée de la manœuvre.

NEUVIÈME MANOEUVRE.

Planche XI.

Ordre de Marche, suivi d'un ordre de bataille oblique pris, les colonnes se présentant à l'ennemi sur un alignement parallèle à son front.

L'ARMÉE marchera dans l'ordre accoutumé. Voyez, pour la formation des colonnes et de l'avant-garde, pour l'ordre de marche et pour les distances que les colonnes doivent garder entr'elles, l'exemple de la manœuvre précédente, les colonnes devant également dans celle-ci se déployer par le centre.

Un premier signal avertira l'armée qu'elle approche du terrein où elle doit se déployer : alors les colonnes observeront avec soin entre elles les distances qui sont prescrites pour le déployement sur le centre ; mais, comme l'objet de cette manœuvre-ci est de tromper l'ennemi, en lui présentant les colonnes sur un alignement parallèle à son front, et de prendre ensuite l'ordre oblique par des mouvemens en arrière, les colonnes marcheront toujours à même hauteur jusqu'au moment du déployement.

Un second coup de canon ayant averti les colonnes de s'y préparer, elles se formeront alors par divisions, et prendront l'ordre du déployement à distances serrées, etc.

Un troisième coup de canon avertira l'armée qu'elle doit se déployer. Ce signal se fera, quand les têtes de colonnes seront environ à 1200 pas de l'ennemi.

Alors les première et seconde colonnes se déployeront au pas redoublé, et comme dans l'exemple précédent.

Toutes les autres colonnes feront demi-tour à droite, et marcheront par le même chemin qu'elles auront tenu, la troisième 1200 pas, la quatrième 1800, et la cinquième 2400.

Lorsque chacune de ces colonnes aura fait le nombre de pas qui lui est prescrit, elle fera front, se déployera par le centre, et formera ensuite l'échelon oblique par division, par brigade ou bataillon, comme dans la manœuvre précédente.

L'artillerie, qui est à la tête de la seconde colonne d'infanterie, se portera au grand trot au renfort de celle de la première. Celle de la troisième suivra le mouvement de sa colonne.

Les brigades de seconde ligne des seconde et troisième colonnes d'infanterie, se mettront dès le premier signal en mesure, les premières de se déployer derrière la droite de la première ligne d'infanterie, et les secondes de remplir la seconde ligne.

L'avant-garde se retirera par les intervalles du centre, et se placera ainsi que dans l'exemple précédent.

Aussitôt que l'aile droite de la cavalerie sera déployée, elle marchera sur le champ à l'ennemi, le reste de l'armée ayant le temps d'achever son déployement pendant son mouvement. Voyez l'exemple précédent pour toute la suite de la manœuvre.

L'armée étant arrivée en O P, et l'ennemi étant battu, elle s'arrêtera, redressera ses lignes, se reposera, se remettra quelque temps après en ordre de marche, et rentrera dans son camp.

Remarque. La même manœuvre pourra s'exécuter le lendemain par la gauche.

DIXIÈME MANOEUVRE.

Planche XII.

L'ennemi est supposé posté en A B, ayant son centre dans une position hasardée et susceptible d'attaque.

L'ARMÉE marchera dans l'ordre accoutumé.

Le général ayant déterminé d'attaquer de son centre celui de l'ennemi, et de refuser ses ailes, il sera tiré un coup de canon de l'avant-garde. Ce premier signal avertira l'armée qu'elle approche du terrein où elle doit se former.

Les colonnes observeront alors entr'elles les distances prescrites, lorsque le déployement se fait sur le centre.

La colonne du centre suivra l'avant-garde. La seconde et la quatrième se laisseront dépasser par elle de 800 pas, et elles dépasseront de la même distance la première et la cinquième.

Les deux brigades de la queue de la seconde et de la quatrième colonne dirigeront leur marche pour se rapprocher de la colonne du centre, afin de pouvoir, dans la formation de l'ordre de bataille, se déployer en seconde ligne derrière les troupes qui composent cette colonne.

Un second coup de canon avertira les colonnes de se préparer au déployement: alors elles se formeront par divisions, et prendront l'ordre du déployement à distances serrées.

Chaque colonne de cavalerie enverra en même temps les vingt escadrons de sa tête pour aller au grand trot manœuvrer à hauteur de l'avant-garde. Ils y observeront de s'étendre le plus qu'ils pourront, afin de tromper l'ennemi sur l'alignement qu'on va prendre, et sur l'objet de la disposition.

Les vingt escadrons de la queue de chaque colonne de cavalerie partiront en même temps au grand trot; et, passant le plus près possible des colonnes d'infanterie, afin de cacher leur marche à l'ennemi, ils se porteront derrière la colonne du centre.

Lorsque la tête de la colonne d'infanterie arrivera à 300 pas de l'avant-garde supposée arrêtée à 1200 pas de l'ennemi, il sera fait un troisième signal.

A ce signal, les six bataillons de grenadiers de l'avant-garde se formeront promptement de façon à pouvoir faire la tête de l'attaque sur le centre de l'ennemi.

L'artillerie de la colonne du centre se formera au grand trot en avant et sur les flancs de l'avant-garde, afin de commencer son feu.

La colonne du centre se déployera sur une ligne, la seconde ligne sera formée de six brigades, dont trois de la tête de la seconde colonne, et trois de la tête de la quatrième.

Les 40 escadrons arrivés des ailes formeront une troisième ligne derrière elles.

Les 40 escadrons portés en avant des ailes reviendront rapidement se former sur une ligne oblique en échelons, à la droite et à la gauche de l'armée.

Le reste de l'infanterie des seconde et quatrième colonnes se déployera sur une ligne oblique par échelons, appuyant à la ligne contigue que formera l'infanterie du centre.

Les deux autres colonnes se déployeront, chacune trois brigades en première ligne, et une en seconde, et formeront l'oblique par échelons.

Si le terrein le permet, les deux régimens de dragons se formeront en ligne avec l'avant-garde, afin de la soutenir dans l'attaque; mais, si c'est une affaire de poste, et qu'ils y soient inutiles, ils passeront rapidement par les intervalles de l'ordre de bataille, et iront se former derrière la ligne de cavalerie.

Dans cet ordre, l'armée formera une espèce d'angle brisé à son sommet; c'est-à-dire, que son centre se présentant de front à l'ennemi, ses ailes seront repliées, et se refuseront à lui par le moyen de l'oblique.

Dès que l'avant-garde sera déployée, elle marchera à l'ennemi, soutenue par les deux lignes du centre : l'attaque se fera en ligne ou en échiquier, suivant la nature du poste que l'ennemi occupera : elle sera rafraîchie continuellement par les lignes du centre, et, s'il en est besoin, par celle de l'oblique.

Pendant tout le temps de l'attaque, les parties repliées de l'oblique appuyeront au centre, et en suivront les mouvemens, soit pour le renforcer, soit pour soutenir ses progrès.

Le centre des ennemis étant enfoncé, celui de l'armée marchera en avant, et prendra sur le champ ses lignes à revers; tandis que les deux ailes de l'oblique, continuant le même mouvement que ci-dessus, se porteront à son appui, et attaqueront l'ennemi de front.

Le centre de l'armée étant arrivé au point O, et les ailes aux points P Q; ce qui suppose qu'on aura séparé l'ennemi en deux et qu'on l'aura mis en déroute : on fera halte, on se reposera sur les armes; et quelque temps après, on se formera en colonnes de marche pour rentrer dans le camp.

Remarque. Le même ordre pourra, si l'on veut, s'exécuter le lendemain, toutes les colonnes se présentant en front parallèle à la ligne de l'ennemi, et les ailes ne prenant l'oblique qu'au moment du déployement. Voyez dans la neuvième manœuvre la manière dont s'exécute ce mouvement.

CHAPITRE XIII.

Application des manœuvres précédentes aux terreins et aux circonstances.

De toutes les manœuvres que je viens de décrire, il n'y en aura peut-être pas une qu'on soit dans le cas d'exécuter à la guerre par des combinaisons exactement semblables à celles qui y sont détaillées : les terreins et les circonstances changent absolument les données, et à la guerre la nature des terreins et des circonstances ne pouvant souvent pas être prévue, les mouvemens ne sont point prémédités, et c'est ordinairement le moment qui les détermine.

Comme quelqu'infinies, quelque variées que soient les combinaisons qu'on peut former, c'est cependant par le même mécanisme qu'on les exécute ; j'ai dû d'abord enseigner quel étoit ce mécanisme isolé et sans aucune relation avec les terreins et les circonstances ; j'ai dû, par conséquent, indiquer toujours à l'avance dans les ordres de marche l'espèce d'ordre de bataille auquel ils doivent conduire. Maintenant l'objet primitif et les principes des ordres de bataille étant conçus, les officiers-généraux et les troupes s'étant formé le coup-d'œil et l'intelligence par des manœuvres simples et toutes supputées, la sphère de l'instruction s'étendra, et deviendra de plus en plus intéressante.

On peut supposer que les manœuvres précédentes se sont faites dans des terreins absolument nus et uniformes, qui, par conséquent, n'obligeroient à aucunes supputations locales. Ici les exemples vont prendre plus de vraisemblance : on manœuvrera toujours relativement aux terreins et à des terreins variés, tels que le pays les offrira.

L'armée se mettra en marche comme à la guerre, pour se porter sur tel ou tel point, et ce ne sera que de l'avant-garde et relativement à la nature du pays, que le général déterminera l'ordre de bataille qu'elle devra prendre. Car, je dois le répéter, tel est l'avantage de cette organisation de l'armée et de la disposition de ses ordres de marche, que l'armée peut, rapidement et suivant les circonstances, prendre un ordre de bataille quelconque, et renforcer ou refuser telle ou telle partie de cet ordre. Le général, marchant à la tête de son avant-garde, a derrière lui toutes ses colonnes qu'il dirige, avance, retarde, arrête et déploie suivant ses projets. Que les batailles de Condé et de Turenne eussent été savantes, s'ils avoient connu la simplicité et les ressources de ce mécanisme!

L'armée débouchant dans la plaine A, (*Planche* XIII), pour aller attaquer l'ennemi occupant la position B C, le général arrivé à la tête de l'avant-garde en L, verra que la gauche de l'ennemi est susceptible d'être attaquée et débordée, et sur le champ il fera donner les signaux pour que l'armée se dispose à prendre l'ordre oblique par la droite.

Il instruira les officiers-généraux commandant les divisions, des points sur lesquels ils doivent diriger les colonnes, des points d'alignement des ailes, de la manière dont ces colonnes doivent se déployer, et de l'objet général de la disposition.

Il aura, pour cela, déterminé cette disposition, en saisissant d'un coup-d'œil les avantages que le terrein offre aux parties offensives et défensives de son ordre de bataille.

Il fera en conséquence diriger les première et seconde colonnes sur le point F, parce qu'il voudra profiter de la plaine pour former sa droite, et attaquer la gauche foible et découverte de l'ennemi.

Il fera arrêter la troisième colonne sur les hauteurs G, afin d'y donner une position défensive à la partie de son ordre de bataille qu'il veut refuser; et à couvert par ces hauteurs, il portera à sa droite les brigades de seconde ligne de cette colonne, afin qu'elles y forment la seconde ligne de sa seconde colonne, qui se déployera toute en première ligne.

A couvert par ces mêmes hauteurs, les 20 escadrons de la queue de la colonne de gauche se porteront en renfort à la droite, pour former la seconde ligne de la première colonne qui se déployera toute en première ligne.

S'il avoit besoin même d'un plus grand renfort d'infanterie à cette droite, il en tireroit des brigades de deuxième ligne de la quatrième colonne, ou il se mettroit à portée d'en tirer, en les faisant rapprocher des hauteurs de son centre, et laissant alors moins d'infanterie à la gauche.

Il laissera sur le rideau H quelques troupes légères, et fera filer derrière ce rideau toute son avant-garde pour renforcer sa droite.

Il profitera des bois, qui sont en avant de ses colonnes de gauche, pour menacer l'aile droite de l'ennemi, et l'engager à y porter son attention. Il ordonnera à cet effet aux quatrième et cinquième colonnes de manœuvrer le long de la lisière des bois, d'y présenter plusieurs têtes à distances ouvertes, de faire, en un mot, la plus grande ostentation possible de forces et d'offensive, pour se replier ensuite, se mettre en bataille sur la lisière des bois, et concourir à l'objet général de la disposition. Les 28 bataillons, qui composent la quatrième colonne, formeront entièrement la gauche de l'armée ; et les 20 escadrons, qui restent à la cinquième, viendront rapidement se former dans la trouée qui est entre le bois et les hauteurs du centre.

Il ne s'assujétira, comme on peut le voir sur le plan, à aucune régularité dans l'alignement et dans l'obliquité de la disposition : son centre se trouvera fort en arrière du degré d'obliquité que nous avons établi dans l'ordre des principes, parce qu'il aura voulu profiter des hauteurs pour le tenir plus hors de mesure de l'ennemi : sa gauche sera placée fort en avant, parce qu'elle est couverte par des bois où certainement l'ennemi ne viendra pas l'attaquer, et où elle fait en quelque manière bastion sur la courtine de son ordre de bataille.

L'objet total de sa disposition n'en aura cependant pas moins tous les avantages de l'ordre oblique, puisqu'il refuse et tient hors de la portée de l'ennemi le centre et la gauche de son armée, et qu'il n'attaque qu'avec sa droite considérablement renforcée.

L'exemple précédent fait voir comment

l'ordre oblique doit s'appliquer aux terreins; celui que je vais donner ci-après, montrera comment ayant déterminé d'après la première disposition, qu'on formeroit l'ordre oblique sur un point, et l'armée ayant en conséquence commencé son mouvement, si cet ennemi vient à changer sa disposition, on pourra rapidement changer le plan d'attaque, et former l'ordre oblique sur un autre point.

L'armée se met en marche dans l'ordre accoutumé pour aller attaquer l'ennemi posté en A B (*Planche* XIV). Arrivé à portée de reconnoître l'ennemi, le général voit que le centre de sa position est inexpugnable, que la droite présente des difficultés, et que la gauche est par la nature du terrein la partie la moins forte et la plus accessible. Il se détermine en conséquence à attaquer par sa droite, et fait commencer à son armée les mouvemens nécessaires pour former l'ordre oblique sur cette aile.

Cependant arrivé plus à portée de l'ennemi, et continuant d'observer de plus en plus sa position et les mouvemens que son approche lui fait faire dans sa disposition, il voit, je suppose, que l'ennemi, comptant sur la bonté de sa droite, et craignant la foiblesse de sa gauche, y porte la plus grande et la meilleure partie de ses troupes; il voit qu'au moyen de ce changement de disposition, cette gauche qui, dans l'aspect primitif lui avoit paru et étoit en effet le côté le plus foible, devient, par le nombre et l'espèce des troupes qu'on y porte, le point le moins susceptible d'attaque, tandis que la droite, plus difficile par le terrein, reste presque abandonnée à ses forces locales, et n'est défendue que par un petit nombre de troupes : sur le champ il change de projet et se résoud à former son ordre oblique sur sa gauche. Un signal indique ce changement à ses colonnes, qui alors prennent par la gauche l'échelon d'obliquité qu'elles avoient commencé à former par la droite : s'il y a quelques parties de troupes qui soient déjà en mouvement pour se porter en renfort à cette droite, elles s'arrêtent et remarchent sur la gauche de manière à se rapprocher des colonnes dont elles ont été détachées.

En même temps et aussitôt que le général a déterminé sa nouvelle disposition, il envoie aux colonnes des officiers de confiance, qui leur montrent la nouvelle disposition qu'il veut prendre, la direction qu'elles doivent suivre, et les points où elles doivent se former. Quant à lui il se porte de sa personne à la gauche de l'armée, afin de suivre l'exécution de la partie intéressante du mouvement.

Suivant sa première disposition, il devoit former l'ordre oblique sur la droite, renforcer cette aile de cavalerie par 20 escadrons tirés de sa gauche et la former en C, pour attaquer la gauche de l'ennemi; sa première colonne d'infanterie renforcée des brigades de seconde ligne des seconde et troisième colonnes, et des troupes de son avant-garde, devoit appuyer à cette aile, et engager l'attaque de concert avec elle, tandis que le reste de ses troisième, quatrième et cinquième colonnes devoit se déployer en arrière par échelons, et, à la faveur des avantages du pays, se tenir hors de mesure de l'ennemi.

Les mouvemens que l'ennemi a faits, l'engagent à changer cette première disposition et à prendre l'ordre oblique par la gauche: voici en conséquence le nouveau parti qu'il tire du terrein, et les ordres qu'il envoie aux colonnes.

La droite de l'ennemi, à l'exception d'une petite partie de plaine où il a laissé une vingtaine d'escadrons, est sur des hauteurs de difficile accès, et fortifiée encore par des redoutes et des batteries; c'est-à-dire, que cette aile est incomparablement mieux assise que la gauche, qui est dans une plaine rase et découverte; mais l'ennemi comptant un peu trop sur les avantages du terrein, l'a dégarnie de troupes, et n'y a laissé que celles sur lesquelles il pouvoit le moins compter, afin de renforcer considérablement sa gauche, pour laquelle la nature du pays, la facilité des débouchés et la vue de la première disposition d'attaque lui ont donné lieu de craindre. C'est-là la faute que saisit le général de notre armée, et pour cet effet il envoie ordre à sa colonne de cavalerie de la gauche, laquelle est rejointe, chemin faisant, par les 20 escadrons qui avoient déjà commencé à se porter vers la droite, de se diriger sur le point D, marchant à distances serrées, et tâchant, le plus qu'il est possible, de cacher sa force.

L'objet de cette cavalerie est, au signal du déployement, de se mettre en bataille vis-à-vis des escadrons de la droite de l'ennemi, de profiter de sa supériorité pour les déborder, pour les tourner même, s'il se peut, en portant quelques escadrons en dehors du ravin auquel ils appuyent, et enfin de les attaquer vigoureusement, tandis que l'infanterie qui est à sa droite, attaque de même la droite de l'infanterie ennemie.

La première colonne d'infanterie de gauche, composée de 28 bataillons, y compris la brigade de flanc, traverse les grands bois E, s'avance à distances serrées vers le point F; arrivée à ce point, se déploie toute sur une ligne, est soutenue en seconde par les six brigades des seconde et troisième colonnes d'infanterie de gauche, et de plus, renforcée par les grenadiers et dragons de l'avant-garde qui viennent se placer à sa droite. Cette disposition faite, elle marche sur le champ à l'ennemi, profite du premier avantage de la cavalerie pour tourner le grand rideau F, auquel appuyent les redoutes de la droite, et finit, selon toute apparence, par emporter une position où l'ennemi inférieur, soit par le nombre, soit par l'espèce de troupes, n'a que peu de résistance à lui opposer.

La seconde colonne de gauche d'infanterie se porte sur les hauteurs G, qui, disposées comme à dessein, s'étendent en s'éloignant de l'ennemi, et elle s'y forme sur une seule ligne, ayant sa gauche couverte par les dragons de l'avant-garde. Les trois brigades de seconde ligne de cette colonne se sont portées en seconde ligne derrière la gauche, comme on l'a dit ci-devant.

La troisième colonne d'infanterie se forme de même sur la lisière du bois H; ce bois, encore plus en arrière que les hauteurs G, cache sa force, et lui fournit une position favorable. Les trois brigades de seconde ligne de cette colonne ont fait le même mouvement que celles de la deuxième colonne.

Ces deux colonnes ne prennent toutefois leurs positions en arrière qu'au moment du déployement général; jusques-là elles doivent se présenter en avant des hauteurs et du bois, montrer plusieurs têtes de colonnes à distances ouvertes, et paroître menacer le centre et la droite de l'ennemi.

C'est enfin la cinquième colonne qui est particulièrement chargée de lui donner le change, et en conséquence elle s'avance audacieusement à travers la grande plaine, comme si elle devoit en effet commencer l'attaque, ainsi que dans la première disposition, se partage en plusieurs colonnes à distances très-ouvertes, puis au signal du déployement général se retire au grand trot, et vient se mettre en bataille sous la protection de l'infanterie de la droite et du hameau I, où la brigade du flanc s'est jetée.

Il faut voir dans le plan l'effet général de cette disposition, la facilité avec laquelle on l'exécute, l'illusion que son exécution doit produire sur l'ennemi, et les apparences du succès infaillible qui doit en résulter pour l'armée attaquante. En effet, que peut faire l'ennemi ? A peine a-t-il démêlé le but de la nouvelle disposition, que sa droite est déjà attaquée par des forces infiniment supérieures. Cherchera-t-il à manœuvrer de sa gauche et de son centre pour se porter sur les parties foibles et éloignées de l'oblique ? Celles-ci sont à une si grande distance de lui, qu'il y a à parier qu'il sera rappelé par les désastres de sa droite, avant qu'il ait achevé un si grand mouvement. D'ailleurs cette oblique n'aura qu'à reculer devant lui, appuyant toujours en se retirant vers la gauche de l'armée, afin de ne pas se séparer d'elle. Portera-t-il des renforts à son aile attaquée ? Il est apparent qu'ils n'arriveront que pour être témoins de la défaite de cette aile. Enfin, quand même ces renforts parviendroient à y rétablir le combat, quand même la bataille seroit perdue pour l'armée qui attaque, elle n'a qu'une de ses ailes engagée ; cette aile se retire couverte par les autres parties de la disposition. Il peut arriver qu'une attaque faite par des troupes supérieures, bonnes et bien conduites, échoue ; mais il est rare, il est presqu'impossible qu'elle tourne en déroute.

Il me reste, pour appuyer cet exemple, à citer la bataille de Lissa : telle en fut à-peu-près la conduite. Le roi de Prusse manœuvra quatre ou cinq heures devant les Autrichiens. Il menaça d'abord leur droite, qui étoit la partie la plus foible par la nature du terrein. Ils s'y renforcèrent par un grand nombre et par l'élite de leurs troupes. Ils comptoient sur leur gauche assise sur des hauteurs redoutables, et ils n'y laissèrent que les Bavarois et quelques troupes de l'Empire. Le roi de Prusse saisit cette faute. Sa disposition, long-temps incertaine et suspendue, fut rapidement déterminée vers sa droite. L'aile gauche du prince Charles fut prise en flanc, et culbutée après une demi-heure de combat. Les Autrichiens arrivèrent, mais il étoit trop tard, deux lignes étoient déjà formées sur leur flanc; tout ce qui se présenta fut renversé, et la victoire du roi de Prusse fut une des plus complettes et des plus décisives de la guerre.

C'est un avantage bien grand et bien peu connu dans nos armées, que celui de se tenir en colonnes jusqu'à ce que l'ordre de bataille qu'on veut prendre, soit déterminé. Par-là on tient parfaitement son armée dans la main, on peut la manier rapidement, faire des mouvemens intérieurs qui échappent à l'ennemi, lui faire illusion, le menacer tantôt sur un point, tantôt sur un autre, l'induire en erreur, et cependant ne jamais se mettre en prise. J'ai déjà parlé de cet avantage au chapitre des ordres de bataille. Je vais, au hasard de me répéter en partie, citer quelques exemples qui le développeront et le feront mieux sentir.

Soit une armée, instruite des ressources qu'offre la Tactique exposée ci-devant, dans le cas de vouloir attaquer l'ennemi ; elle se met en marche dans l'ordre ordinaire, et se porte à vue de lui. Là le général qui la commande, reconnoît, de la tête de son avant-garde, la position de l'ennemi, et la disposition par laquelle il compte la défendre. S'il trouve un point foible dans l'une ou dans l'autre, c'est sur ce point qu'il forme rapidement sa disposition d'attaque. S'il n'en trouve pas, il se met à manœuvrer vis-à-vis de lui, il cherche à lui donner le change ; il emploie toutes les ressources du terrein et de la Tactique pour lui faire illusion sur son projet ; il feint un mouvement offensif sur une de ses ailes, pour lui faire dégarnir son centre ou son autre aile, et y former une attaque réelle. Là il lui présente des colonnes à distances ouvertes ; ici il lui en présente à distances serrées. Il fait tant, en un mot, que, si cet ennemi n'est pas aussi habile que lui, il prend le change, abandonne ou occupe un poste qui le met en prise, ou bien s'affoiblit sur un point, soit en y laissant trop peu de troupes, soit en en laissant trop peu de l'arme propre à le défendre, soit en y laissant les troupes les moins bonnes de son armée, et alors cette faute est saisie, le général habile et manœuvrier porte sur le champ ses efforts sur cette partie foible. Si enfin l'ennemi ne se met en prise, ni par sa position, ni par sa disposition; alors le général se trouve n'avoir rien engagé, il se retire, prend une position, et attend une occasion plus favorable.

Nous n'avons pas, il faut en convenir, la moindre idée de ce genre de guerre, de cette manière de reconnoître l'ennemi avec toutes les forces d'une armée, de lui présenter le combat, de l'induire à une fausse manœuvre et d'en profiter avec rapidité. Nous ne savons guère prendre des ordres de bataille momentanés et combinés sur la circonstance : nous ignorons, pour tout dire en un mot, l'art de manœuvrer les armées. Si nous l'avions connu, que de batailles nous avons perdues qui ne se fussent seulement pas données! Je n'en citerai qu'une dont l'exemple et le malheur sont bien frappans pour la nation.

Notre armée part du camp de Minden avec une disposition combinée dès la veille, sur une reconnoissance faite dans la matinée. C'est notre droite, considérablement renforcée, qui doit attaquer la gauche de l'ennemi, qui, dans cette reconnoissance, avoit été trouvée foible et susceptible d'attaque. On débouche dans une grande plaine, et vis-à-vis une longue lisière de bois, derrière laquelle étoit cachée la disposition de l'ennemi. Suivant la routine établie, on se met en bataille, on étale deux lignes dont l'ennemi peut à loisir compter la force; au lieu du moins de laisser ces lignes en arrière, et d'en dérober la foiblesse à l'ennemi à la faveur du pays coupé qui étoit à l'entrée de la plaine, on porte ces lignes en avant, on les aligne sur la droite qui étoit chargée de l'attaque. On porte même une partie du centre en avant de cet alignement, et à un quart de lieue de la lisière du bois qu'occupe l'ennemi. On observera encore que cet ordre de bataille devoit être pris au point du jour, mais que, par une suite de la mal-adresse de nos troupes et de leur peu d'habitude à exécuter de grandes manœuvres, sept heures sont arrivées que les lignes tâtonnent encore leur disposition. Cependant l'ennemi a changé la sienne dans la nuit et dans la matinée; sa gauche, qu'on comptoit foible et dégarnie, est renforcée de troupes; des retranchemens et des batteries s'y sont élevés. Dans cette situation, cette aile est jugée inattaquable. On détermine qu'il ne faut pas engager sur ce point un combat dont le succès ne pourroit qu'être funeste. On délibère, le temps se perd, l'ennemi voit notre centre porté trop en avant, et composé de deux foibles lignes de cavalerie sans infanterie pour les soutenir, il forme sur lui une disposition à couvert par les bois qui sont sur son front, débouche, l'attaque, l'enfonce et gagne la bataille. Qu'on fût arrivé sur l'ennemi dans l'ordre oblique, qu'on se fût tenu en colonnes jusqu'à ce qu'on eût jugé quelle étoit la situation de l'ennemi, cette bataille n'auroit pas eu lieu, l'ennemi n'eût pas pu démêler les parties foibles de notre disposition, et former une attaque sur elles. On eût reconnu que sa gauche étoit renforcée et à l'abri d'être attaquée; on fût, au pis-aller, rentré dans l'ancien camp: c'eût été une reconnoissance sans perte et sans honte. Car j'ose avancer que c'est à tort qu'on appelle faux-mouvement la marche que fait une armée pour aller en attaquer une autre, et le parti qu'elle prend de se retirer, quand elle voit qu'elle ne peut pas engager le combat avec avantage. Un général habile et manoeuvrier fera souvent des mouvemens pareils, sans croire faire, en se retirant, un aveu d'infériorité ; c'est à force d'en faire qu'il trouvera enfin une occasion favorable. Chez les anciens, l'armée qui étoit sur l'offensive, alloit ainsi présenter le combat à l'ennemi, afin de l'engager à sortir de ses retranchemens, et à se mettre en prise, se retirant ensuite, quand elle ne voyoit pas une occasion assez favorable d'attaquer : ainsi Annibal battit les Romains à Trasimène et à Cannes : ainsi, dans leur belle campagne de 1675, se tâtèrent souvent, sans jamais s'engager, Turenne et Montécuculli. Ces grands hommes savoient cependant bien précisément en quoi consistoient la honte ou la gloire.

J'ai promis un exemple d'un ordre de marche de flanc, suivi d'un ordre de bataille de front, nécessité par l'apparition imprévue de l'armée ennemie sur la tête de la marche et combiné sur le terrein.

Soit donc l'armée en ordre de marche comme en A B (*Pl.* XV.). Les troupes légères qui éclairent la tête de la marche, font avertir le général que l'ennemi paroît en C D, et vient de front à l'armée pour l'attaquer dans sa marche. Le général se porte sur le champ à la tête des colonnes, faisant suivre son avant-garde ; et ayant reconnu les ennemis, fait tout de suite sa disposition pour s'opposer à eux. En avant de lui et sur sa droite est un ruisseau, à la gauche duquel s'étend une lisière de hauteurs boisées; c'est à ce ruisseau qu'il va appuyer sa droite, l'étendant ensuite le long de ces hauteurs. Le centre de sa disposition sera la grande plaine E, et il y portera en conséquence la plus grande partie de sa cavalerie. Sa gauche, composée d'infanterie, occupera le bois F, et appuyera au village G, où il jettera une brigade d'infanterie. Le reste de sa cavalerie sera en bataille derrière ce village et dans différentes trouées qui sont le long du bois de la gauche, afin de soutenir l'infanterie qui le défend. Sa position déterminée, il indiquera aux officiers-généraux commandant ses divisions, les points où ils doivent porter les troupes et le plan général de sa disposition. Les deux lignes de son aile droite de cavalerie, qui sont à la tête de la marche, se portent rapidement dans la plaine E, y forment le centre de l'armée sur une seule ligne, appuyant leur droite aux hauteurs et leur gauche aux bois. La seconde ligne d'infanterie, qui forme la seconde colonne, se dirige vers la partie droite de la position qu'elle doit occuper. Les six brigades de la tête de la colonne, y compris la brigade de flanc, doivent former la première ligne de cette droite, et les quatre brigades de la queue la seconde. Cette colonne se partage pour cet effet en deux ou trois colonnes, afin d'arriver plus promptement sur les points où elle doit se former. La première ligne d'infanterie, qui compose le centre de la première colonne, doit, dans le nouvel ordre de bataille, occuper la gauche de la position : en conséquence, elle se partage de même pour la rapidité du mouvement en plusieurs colonnes, et se dirige sur les points où elle doit se former. La brigade de flanc, qui est à la queue, se porte en droiture au village de la gauche. Les cinq brigades de la tête de la colonne forment la première ligne de la droite, et les quatre brigades de la queue la seconde. A l'égard de la première ligne de l'aile gauche de cavalerie qui forme la queue de la première colonne, elle se dirige en avant sur la gauche pour se mettre en bataille, en arrière des trouées du bois qui est occupé par l'infanterie de cette aile; et la seconde ligne de cavalerie, qui est à la queue de la seconde colonne, continuant son mouvement en avant, vient se former en seconde ligne derrière le centre. L'avant-garde cependant s'est portée en avant du centre dans quelque position avantageuse d'où elle couvre le mouvement de l'armée, et d'où elle est en mesure de se porter en renfort à la partie la plus foible de l'ordre de bataille, suivant la disposition que le général verra faire à l'ennemi. Cet ordre de bataille invertit entièrement l'ordre primitif de l'armée, mais il fait rapidement face à une circonstance imprévue : les troupes arrivent par le chemin le plus court aux points qu'elles ont à occuper, et à la guerre la méthode ne doit pas enchaîner, elle ne doit pas dégénérer en routine.

On sent, par cet exemple, que, si le terrein de la position choisie par le général exigeoit d'autres combinaisons dans l'emplacement des troupes, elles s'exécuteroient avec la même facilité. On sent de même que, si au lieu d'arriver à occuper simplement une position défensive, le général trouvoit avantageux de passer tout de suite à un mouvement contre-offensif sur l'ennemi, il le pourroit également. Lorsqu'une armée est organisée, lorsqu'elle a acquis une fois l'habitude des grandes manœuvres ; si l'homme qui la commande, a du génie, il n'y a pas de machine qui soit plus maniable, plus simple et susceptible de plus de variété dans ses combinaisons.

Tous les exemples exposés ci-dessus, ou d'autres différemment combinés relativement à d'autres natures de terreins, mais tendant à enseigner les mêmes résultats, pourront être mis à exécution dans le camp d'instruction. Le général pourra, pour en exécuter quelques-uns avec plus de vraisemblance, partager l'armée en deux corps, et les faire agir l'un contre l'autre, d'après telle ou telle circonstance donnée; charger, par exemple, l'officier-général commandant l'un de ces corps, d'aller choisir et occuper une position qui remplisse tel ou tel objet; et l'officier-général qui commandera l'autre corps, de l'attaquer ou de le déposter.

Ces deux officiers-généraux se conduiront chacun de leur côté suivant leurs lumières, le général se bornant, pendant tout le temps que durera l'opération, à être spectateur de leurs mouvemens, pour ensuite discuter avec eux ce qu'ils auront fait, et ce qu'ils auroient dû faire. Mais, pour cela, quel homme ce devroit être, que ce général! Il faudroit, dans de certains États, que ce fût le souverain lui-même, afin qu'il n'éprouvât point de contradiction; il faudroit, dans tous, qu'il fût d'une habileté assez universellement reconnue pour commander aux opinions.

C'est sous un tel homme et dans un camp d'instruction pareil que les officiers-généraux apprendront à remuer des troupes, à calculer les distances, à saisir d'un coup-d'œil l'analogie du terrein avec les différentes armes, et bien d'autres principes encore qui naissent des circonstances et des situations, et qu'on ne peut pas indiquer ici.

C'est-là qu'ils apprendront qu'après que le général leur a indiqué en gros la position qu'ils doivent occuper dans l'ordre de bataille avec une division ou un corps de troupes, il reste, dans la manière d'occuper cette position, une infinité de détails qui les regardent; qu'ils doivent savoir occuper une hauteur un peu plus avantageuse en avant ou en arrière des points donnés, placer les troupes derrière un rideau ou un ravin, pour les mettre à couvert du feu de l'artillerie ennemie, quand elles sont en panne; faire quelques légers changemens dans l'alignement donné, quand ce changement peut être avantageux; prendre en un mot sur eux tout ce qui, en procurant quelqu'avantage, ne fait pas contre-sens à l'ordre de bataille, et concourt à remplir plus parfaitement l'objet de la disposition générale.

Dans toutes les manœuvres qui se feront dans le camp d'instruction, les troupes ne s'approcheront jamais à la portée du fusil, et l'on évitera toutes ces tirailleries qui ne servent qu'à mettre du tumulte et de l'invraisemblance dans les mouvemens. L'avantage sera censé demeurer à celui qui, par le choix de sa position, aura le mieux suppléé au petit nombre de ses troupes, ou qui, par ses déployemens et ses manoeuvres, présentera sur un de ses points d'attaque et de défense, des moyens supérieurs à ceux de l'ennemi; car il faut, et c'est un principe bien important pour ne pas décréditer l'instruction, que dans les camps de paix les manoeuvres s'arrêtent où elles cessent de devenir vraisemblables.

CHAPITRE XIV.

Application de la Tactique exposée ci-dessus, aux ordres de bataille défensifs. Nécessité de faire connoître cette application aux troupes et aux Officiers-généraux.

En considérant tous les ordres de bataille, relativement à l'objet offensif, j'ai démontré les avantages qui pouvoient résulter de la combinaison des marches et des déployemens, soit pour tromper l'ennemi sur la force des colonnes et sur le point d'attaque, soit pour prendre rapidement une disposition. J'ai fait voir que ces avantages devenoient immenses, lorsque l'armée attaquée faisoit, suivant la routine ordinaire, sa disposition à l'avance, et étaloit ses lignes sur la disposition qu'elle devoit défendre; car alors le général attaquant arrive avec son avant-garde, reconnoît cette disposition, compte le nombre et l'espèce de troupes qui défendent chaque point, et détermine son ordre de bataille en conséquence.

Ce seroit une science fort imparfaite, que celle de la tactique, si elle n'offroit pas à l'armée, qui est sur la défensive, le moyen de balancer ces avantages. Elle les offre, et elle est en cela comme l'art des mines, comme celui de l'attaque et de la défense des places. Egalement susceptible d'être employée par les deux partis, c'est à celui qui la possède et qui l'applique le mieux, qu'elle rend les services les plus décisifs.

Supposons un général habile et tacticien dans la nécessité de recevoir une bataille : il ne démasquera sa disposition de défense qu'après qu'il aura reconnu les points où l'ennemi veut faire effort. Il tiendra son armée en colonnes sur le champ de bataille qu'il devra occuper, afin de ne déterminer la répartition de ses troupes que sur celle des troupes de l'ennemi. Il opposera enfin finesse à finesse et manoeuvre à manoeuvre; c'est-à-dire, qu'il sera continuellement en mouvement devant l'ennemi, qu'il cherchera à le jeter dans l'irrésolution, à l'induire en erreur, à lui faire illusion sur le nombre et sur la disposition de ses troupes, à lui présenter un point dégarni en apparence, afin de l'engager à diriger son attaque sur ce point, c'est-à-dire même, qu'il ne se bornera pas toujours à une simple disposition défensive; et que, si l'ennemi se met en prise sur quelque point, il saura faire sur lui un contre-mouvement offensif.

Il n'est pas question ici de ces positions défensives, tellement avantageuses que le terrein y réduise nécessairement l'attaque à un point; car alors, comme il ne peut y avoir d'incertitude sur la partie où il est nécessaire de porter ses plus grandes forces, il n'y a pas d'inconvénient à déterminer son ordre de bataille à l'avance. Mais il n'en est pas de même dans les positions qui sont susceptibles d'être attaquées sur plusieurs points; car là, pour qu'il n'y ait pas un de ces points dégarni, dans le temps que les autres seront inutilement occupés par un trop grand nombre de troupes, pour que l'ennemi ne puisse pas engager sa partie forte contre une partie foible, il faut ne déterminer sa disposition que sur celle de l'ennemi : il faut occuper les points d'attaque par des têtes de troupes, et tenir derrière et entr'eux le reste de son armée en colonnes, afin de porter ses forces où l'ennemi portera ses efforts, et quelquefois où il se mettra en prise et se rendra susceptible d'être attaqué lui-même : il faut à plus forte raison, dans les positions de plaine, ne déterminer son ordre de bataille que sur celui de l'ennemi, puisque, dans ces positions, c'est le nombre des troupes, c'est une aile plus ou moins forte, c'est telle ou telle arme rendue supérieure dans une partie de l'ordre de bataille, qui décident du succès de l'action.

Que fera cependant le général ennemi ? Il verra des têtes de troupes dans les principaux points de la position qu'il veut attaquer, et au lieu d'une armée en bataille et disposée pour se laisser compter et battre, cette armée partagée en colonnes dont il ne pourra juger ni la profondeur ni l'objet. Manœuvrera-t-il? Cette armée manœuvrera aussi. Cherchera-t-il à lui donner le change ? Elle se tiendra en garde contre lui, elle cherchera à lui faire illusion à son tour. Se décidera-t-il à attaquer un point, et réunira-t-il ses forces pour l'emporter ? Les forces de cette armée se réuniront pour le défendre. Entre deux armées pareilles ce sera enfin à qui l'emportera de génie et de célérité dans les manœuvres.

Cette application de la tactique à la défensive, est encore plus inconnue, et cependant non moins importante que l'application aux ordres de bataille offensifs. J'ai dit combien, faute de cette dernière, les armées attaquantes avoient perdu de batailles. J'ai cité à cet égard une occasion moderne et sensible. Hochstett et Ramillies montreroient des armées battues, pour avoir mal-adroitement étalé les premières leur disposition, et invité par-là l'ennemi à combiner avantageusement une disposition offensive sur elles. On doit donc s'occuper essentiellement de l'ordre défensif dans le camp d'instruction. Il faut qu'on y familiarise les troupes et les officiers-généraux. C'est sur-tout lorsqu'on partagera l'armée en deux corps, qu'on peut donner à cet égard des leçons très-vraisemblables.

Quand je dis qu'il faut familiariser les troupes avec cette manière de prendre les dispositions défensives, c'est qu'elle les étonneroit beaucoup, si on venoit à l'employer à la guerre sans que des exemples raisonnés en eussent fait connoître les avantages à la paix. On est généralement dans l'opinion qu'une armée qui doit être attaquée, ne sauroit être trop tôt disposée en bataille. On est en conséquence dans la routine de former ses lignes sur la position qu'on a choisie, avant que l'ennemi ait fait sa disposition. Or ne choqueroit-on pas les opinions et les usages, si l'ennemi débouchant pour attaquer une armée, le général qui la commande la portoit en plusieurs colonnes sur le champ de bataille reconnu; si là, loin de se mettre en bataille, il attendoit le parti que prendra l'ennemi; si enfin il combinoit habilement le temps qui lui suffit pour avoir achevé sa disposition au moment que l'ennemi arrivera sur lui? Il n'y a que l'habitude réfléchie de ces sortes de manoeuvres, qui, vu le préjugé actuel, pût rassurer les troupes contre cette contenance, qu'elles croiroient incertitude et danger.

CHAPITRE XV.

Suite des objets dont on devra s'occuper dans le camp d'instruction.

Mais combien d'autres objets d'instruction se présenteront encore dans les camps de paix? Quelquefois l'armée exécutera de simples marches pour aller occuper une position reconnue par les officiers de l'état-major. Indépendamment de l'avantage qui en résultera pour accoutumer les troupes à la pratique et à la fatigue des marches, elles seront pour l'état-major de l'armée l'instruction la plus utile et la plus importante; car le général s'y occupera particulièrement d'examiner si les colonnes sont ouvertes et disposées relativement à la nature du pays et aux principes établis, si la position reconnue remplit bien l'objet qu'il avoit indiqué, etc. C'est ainsi qu'en appliquant la théorie aux terreins et en faisant travailler les officiers de l'état-major sous les yeux d'un général, on peut espérer d'en former, plutôt que par des courses infructueuses, tantôt sur une frontière, tantôt sur une autre : courses où personne ne les dirige, où ils ne voient jamais que des terreins nus, où conséquemment les faits ne peuvent pas rectifier leurs idées, et d'où enfin ils ne rapportent que des connoissances topographiques, ou des mémoires tout en suppositions, qu'on ne peut pas vérifier, et qui souvent ne sont pas leur ouvrage.

La reconnoissance d'un pays, cette partie intéressante des fonctions de l'état-major de l'armée, ayant nécessairement relation avec la grande tactique, je rassemblerai dans un article particulier quelques idées à ce sujet. Achevons de dire ce dont on devra s'occuper dans le camp d'instruction.

Ce sera de figurer des attaques et des défenses

de différens genres, comme de retranchemens, de postes, de villages, de convois; ce sera d'exécuter des marches forcées, des passages de rivières et de défilés, des fourrages, etc.: opérations toutes importantes, toutes faites pour instruire les troupes, pour développer et pour étendre les idées de ceux qui les commandent, mais sur lesquelles il seroit superflu de raisonner ici à l'avance, parce qu'elles dépendent entièrement de la nature du terrein et du génie du général.

J'ai dit sur la tactique, considérée en elle-même, tout ce que je crois qu'il y a à en dire. Je me flatte d'avoir présenté cette science sous des rapports vastes et nouveaux. Je pense qu'il seroit utile et intéressant de l'enseigner dans des cours publics, telle que j'ai essayé de l'exposer. Lorsque toutes les autres sciences s'étendent et se perfectionnent par des théories lumineuses, la science de la guerre sera-t-elle donc la seule qu'on abandonne à la routine? La croit-on si vague, si dénuée de principes positifs, qu'elle ne doive pas être enseignée? Est-ce l'indignation d'Annibal quand il entendit le rhéteur d'Éphèse donner des leçons sur l'art militaire, qui a à jamais ridiculisé le projet de le démontrer dans des écoles? Annibal vit en pitié un rhéteur obscur et ignorant, oser parler devant lui des devoirs du général : il eût aimé à entendre un homme de guerre, un Xantippe, un Epaminondas raisonner de la théorie de son art; il eût senti que, dans un pays où de grands hommes commanderoient les armées pendant la guerre, il faudroit encore que pendant la paix ils prissent la peine de se former des troupes et des successeurs.

La nature de nos constitutions et de nos préjugés nous défend d'espérer un pareil spectacle; regrettons du moins qu'il ne puisse avoir lieu, et offrons, en attendant, à nos concitoyens le tribut de nos foibles travaux. Le cours complet de tactique que je donnerai dans mon grand ouvrage, les présentera dans un ordre plus didactique et plus instructif. J'essaierai d'y faire l'ébauche de ce qui devroit être l'objet d'un cours public, je montrerai que cette science peut être enseignée par des procédés simples et attachans. Elle me l'a été ainsi. Qu'il me soit permis de rendre ici hommage à mon père! mon entendement étoit à peine ouvert qu'il me donnoit les premières leçons de la tactique. Il me la démontroit successivement par paroles, par figures et sur le terrein; lorsque j'eus une fois bien conçu les élémens de la tactique, il fit faire en carton découpé, des espèces de plans figurés et mobiles avec lesquels on représentoit toutes sortes de terreins. Sur ces plans il m'expliquoit, avec des figures de bois, tout le mécanisme des armées. Il me représentoit des batailles qui pouvoient fournir des exemples qui y étoient relatifs ; il me représentoit particulièrement celles de la guerre qui se faisoit alors, et dont les évènemens et les détails avoient le plus frappé mon attention ; il falloit ensuite dans toutes sortes de terreins exercer mon coup-d'œil et mon jugement. Nous revenions et nous reprenions notre amusement. Il me permettoit des objections. Il laissoit mon imagination s'essayer. Insensiblement elle acquéroit plus de développement et de justesse ; alors nous formions deux armées et nous prenions chacun le commandement de l'une des deux. Puis dans différens pays représentés au hasard par l'assemblage de nos cartons, nous faisions manœuvrer nos armées, nous leur faisions exécuter des marches ; nous choisissions des positions ; nous exécutions l'un contre l'autre des ordres de bataille. Nous raisonnions ensuite sur ce que nous avions fait. Il aimoit mes doutes et jusqu'à mes contrariétés. Souvent les nuits se passoient dans cette occupation, tant cette étude nous attachoit, tant mon instituteur avoit su lui prêter de charmes.

CHAPITRE XVI.

Rapport de la science des fortifications avec la Tactique et avec la Guerre en général.

La science des fortifications et celle de la tactique sont intimement liées l'une à l'autre. C'est de la science des fortifications que la tactique défensive emprunte quelques-uns de ses principes, comme la nécessité d'appuyer les flancs d'une disposition, et d'ordonner toutes les parties de cette disposition, de manière qu'elles se protègent mutuellement; la nécessité par conséquent de réunir sur les points principaux, sur les parties les plus menacées, la plus grande quantité de feux et de forces. C'est, à son tour, sur la tactique que sont fondés les bons et véritables principes de la science des fortifications, puisque les ouvrages doivent être assis et combinés relativement à la nature du terrein, à l'espèce des troupes, à leur nombre, à leur ordonnance, à l'esprit qui les anime, à ces différens objets supputés tant du côté de celui qui défend, que de celui qui attaque.

Il résulte de là que, pour être tacticien, il faut connoître la science des fortifications, et que, pour être ingénieur, il faut être tacticien. La première partie de cette conséquence est admise et reconnue dans le militaire, sans que cependant les officiers s'éclairent en conséquence. La seconde semble ne pas l'être parmi les ingénieurs; car généralement ils ne savent ni comment les troupes manoeuvrent, ni comment on doit les conduire : ils ne veulent pas même le savoir; regardant leur art comme le premier des arts, ils dédaignent toutes les autres branches de la science militaire. Si ce préjugé est entretenu chez eux par le beau nom de génie dont on a honoré leur corps et les connoissances qu'ils cultivent, je dois les avertir que cette pompeuse dénomination est de création nouvelle; que du temps de Vauban, on disoit tout simplement *les corps des ingénieurs*, et qu'ingénieur (1), dans l'institut de cette profession, et dans toutes les langues de l'Europe, dérive, non du mot *génie*, mais du mot *engin*, parce qu'alors les ingénieurs étoient les constructeurs et les directeurs de toutes les machines de guerre, et particulièrement de celles de siège.

C'est sur-tout dans la détermination des for-

(1) Autrefois *engineur* en françois, encore aujourd'hui *engineer* en anglois, *konstabler* en allemand, ce qui revient proprement à *artificier*.

tifications de campagne qu'on doit sentir combien il est important que la tactique dirige les idées. Faute de cela, on procède avec lenteur, on n'ose s'écarter de la routine de méthode; on voit l'effet d'une pièce de fortification, le rapport qu'elle aura avec la pièce voisine; mais on ne s'occupe point de l'ensemble général de la position, de l'objet qu'elle doit remplir; on remue de la terre, on multiplie les ouvrages, et l'on ne calcule, ni qui défendra cette immensité d'ouvrages, ni que des troupes enfermées dans des retranchemens pareils, perdent tout l'avantage que pourroient donner la manoeuvre et la science.

Qu'on parcoure l'histoire militaire depuis un siècle, on verra toutes les erreurs dans lesquelles on est tombé, faute de n'avoir pas combiné les fortifications avec la tactique. C'est sous les généraux médiocres, c'est dans le temps où toutes les troupes de l'Europe n'avoient ni discipline, ni tactique, que s'introduisit l'usage des lignes; absurdité qui rappelle cette fameuse et inutile muraille que l'ignorance chinoise a bâtie à six mille lieues de nous. A l'usage des lignes, succéda celui des grandes positions retranchées qui n'étoient, à vrai dire, que des lignes courtes et proportionnées au front de l'armée qui devoit les occuper : second genre de défensive moins mauvais que le premier, mais toujours funeste aux généraux qui n'en ont pas connu d'autre. Tel étoit alors le préjugé, qu'on ne croyoit une position bien retranchée, que quand les ouvrages qui la défendoient étoient continus. Dans la correspondance des généraux de Louis XIV avec ce prince et avec ses ministres, on lit en propres termes ceci, et souvent l'équivalent : « *Notre position est déjà couverte de* » *redoutes ; et pourvu que l'ennemi nous* » *donne le temps de les lier, tout ira bien.* » Aujourd'hui on est revenu de ce préjugé ; on regarde qu'en fait de fortifications de campagne, les courtines sont inutiles, et qu'elles ne doivent être formées que de troupes. C'est déjà un grand pas de fait vers la lumière, vers le véritable emploi qu'une armée doit faire des fortifications ; mais il reste encore à réduire à une plus juste valeur le mérite des retranchemens d'armée, et à se bien persuader que la défensive sublime consiste, non à aller toujours cherchant des positions et recevant les combats, mais à faire sans cesse craindre l'offensive à l'ennemi ; et pour cela à manœuvrer, à le forcer d'en faire de même, et à épier le moment où quelques fautes le divisent, le retardent, le mettent en prise, pour ensuite agir offensivement sur lui. Ceci est un point trop intéressant, pour que je ne le développe pas avec plus de détail.

Quel est le but des fortifications ? C'est de mettre une troupe inférieure par le nombre, par le courage ou par la science des mouvemens, en état de résister à une troupe qui lui est supérieure en quelqu'un de ces points. Donc toute fortification suppose des vues défensives, et n'est par conséquent que le pis-aller de la troupe qui s'y renferme; donc toutes les fois qu'un général se sentira la supériorité du génie, et qu'il verra ses troupes plus nombreuses plus aguerries et plus manœuvrieres, il se gardera bien de mettre des retranchemens devant lui; il prendra l'offensive, il manœuvrera, il attaquera; ou, si quelquefois il reçoit le combat, ce ne sera que parce qu'il aura mis l'ennemi dans la nécessité de le donner avec désavantage, ou parce qu'il préméditera un mouvement qui, avant le combat ou pendant le combat même, lui rendra l'offensive qu'il aura paru abandonner.

Voyons ce qui arrivera à un général qui, se trouvant inférieur à l'ennemi, se conduira différemment, et suivant les principes usités dans les armées modernes. S'il prend le parti de construire des lignes et de se mettre derrière elles, pour peu que son ennemi sache manœuvrer, elles seront tournées, surprises, percées; et je n'ai pas besoin de dire pourquoi elles le seront, tant d'exemples et de raisons reconnues rendent cette conséquence sensible. S'il se jette dans une position excellente, et dont tout le front soit couvert par une continuité de retranchemens, il se liera les mains, il ne sera plus en mesure de faire craindre l'offensive à l'ennemi; il jettera dans son armée l'esprit de timidité et de découragement; il n'osera se compromettre hors de sa position Je veux que l'ennemi ne puisse l'attaquer de vive force dans sa citadelle; il le désolera par des courses sur ses flancs, sur ses communications, sur le pays qui l'intéresse; il s'approchera de lui, il le resserrera, il l'assiégera; offensif et mobile, il prendra sur cette armée ainsi retranchée, tous les avantages que l'assiégeant a sur l'assiégé, et sur des ouvrages qui sont immobiles et défensifs; il ira à elle par tranchée; il réunira sur quelques points de cette position, tous ses feux et ses efforts; il l'obligera, ou à l'extrémité fâcheuse d'abattre ses retranchemens, et de venir présenter un combat désavantageux, ou à celle de mettre bas les armes, ainsi que l'ont fait les Saxons à Pirna, ainsi que l'auroit fait Pierre, sur le Pruth, sans l'adresse de la Czarine.

Mais je veux que, revenu avec son siècle du préjugé qui existoit autrefois en faveur des lignes et des camps retranchés, il ne prenne ni l'une ni l'autre de ces défensives. S'attachera-t-il à ne se présenter à l'ennemi que dans des positions couvertes par plusieurs points retranchés, comme redoutes, batteries, villages, abattis, etc. faisant en quelque sorte de son armée la courtine de ces bastions ? C'est aujourd'hui la grande routine de la défensive moderne, routine sans doute préférable à celle qu'elle a remplacée, mais sujette elle-même à beaucoup d'inconvéniens ; 1°. en ce qu'elle réduit l'armée qui s'en sert, à la défensive, et que c'est déjà une espèce d'échec, de recevoir la loi des dispositions de l'ennemi, d'être sans cesse occupé à parer, et de n'être pas en mesure de lui porter coup à son tour ; 2°. en ce que l'ennemi ne court jamais aucun risque décisif en attaquant une armée ainsi postée. Battu, il se retire, et il est rare qu'avec des précautions bien prises il craigne la poursuite. Vainqueur, il peut rendre sa journée complette, parce qu'il déborde et prend de revers les postes occupés; ainsi fut pris Hochtsett ; ainsi l'auroient peut-être été Antoin et une partie de l'armée du maréchal de Saxe, si les bonnes dispositions des ennemis avoient soutenu ce que le hasard leur fit entreprendre; 3°. en ce que de deux choses l'une: si les points fortifiés sont trop éloignés l'un de l'autre, comme à Fontenoy, à Lauffelt, à Rocoux, l'ennemi passe entre deux, ou bien fait, vis-à-vis chacun de ces points, une disposition qui les enveloppe à demi de batteries et de forces supérieures, les emporte, met à découvert l'armée qui les soutient, et gagne la bataille. Si ces points fortifiés sont rapprochés au point de se protéger et de se flanquer mutuellement, cette position retombe dans l'inconvénient des camps retranchés; toute l'armée se trouve emplacée dans des points où elle est réduite à la défensive la plus passive et la plus inégale. Si l'un de ces points est forcé, comment rétablir le combat? Il ne reste point assez de troupes, point d'assez grands efforts à employer pour chasser l'ennemi du bastion où il s'est établi, et de la courtine sur laquelle il se sera bientôt étendu; et que deviennent alors toutes les troupes emplacées dans des postes où elles sont débordées, prises à revers, et d'où elles ne peuvent plus se retirer qu'avec peine? 4°. Cette défensive, fondée sur des positions retranchées, est enfin contraire à toutes les grandes vues de la guerre, elle n'a du moins certainement jamais été la manière des grands hommes. On n'a qu'à récapituler les batailles qu'ils ont données, ils ont presque toujours attaqué; et s'ils ont reçu des combats, ce n'a presque jamais été derrière des retranchemens.

Il ne résulte pas de-là qu'il n'existe quelques occasions où une armée puisse se retrancher. Je blâme l'abus qu'on fait des positions retranchées, et non l'usage qu'il est quelquefois à propos d'en faire. Si, par exemple, une armée inférieure occupe une position importante, et par laquelle elle traverse absolument les projets de l'ennemi; si, voulant couvrir un siège, un pays, une opération, elle trouve une de ces positions uniques, qui ne laissent à l'ennemi, ni la ressource des manœuvres, ni celle des diversions, et qui l'obligent nécessairement à venir attaquer dans cette position; si enfin l'avantage qu'on trouvera à y recevoir la bataille, est plus grand que celui qu'on se procureroit en allant au-devant de l'ennemi, il n'y a pas à balancer à augmenter la force d'une position pareille par des retranchemens; encore faut-il qu'ils soient disposés tellement qu'on conserve la possibilité d'agir offensivement sur l'ennemi, si ses dispositions d'attaque ou les mouvemens du combat donnoient lieu d'espérer de tirer de ce parti une victoire plus certaine ou plus complette. Il faut, en un mot, que ces retranchemens soient tels que l'armée, qui est derrière eux, ne puisse être réduite au rôle d'assiégée, et qu'il reste une entière liberté de mouvemens au génie de l'homme qui la commande, ainsi qu'au courage et à la science de manœuvres des troupes qui la composent.

Voici donc comme je pense qu'une armée devroit se retrancher en pareil cas : ce seroit, non par des retranchemens continus, ou, ce qui reviendroit au même, par des points retranchés, distribués symétriquement de distance en distance, de manière à se flanquer et à se protéger mutuellement ; ce seroit en retranchant quelques points de sa position seulement, comme ceux qui sont vis-à-vis des débouchés, si l'ennemi est réduit à déboucher, ceux où l'on ne peut disposer qu'un petit nombre de troupes, et les troupes sur le courage et les manœuvres desquelles on compte le moins; ce seroit en se retranchant ainsi sur quelques points et en les mettant à l'abri d'être emportés, tandis qu'en réunissant sur d'autres points nus et ouverts, l'élite et le plus grand nombre de ses troupes, on y prépareroit contre l'ennemi une disposition vigoureuse et prête à devenir offensive au moindre faux-mouvement qu'on lui verroit faire.

Qu'on prenne la peine d'y réfléchir, cette manière de défendre une position absolument opposée à la routine actuelle, seroit cependant conforme à tous les grands et véritables principes de la guerre. 1°. Elle seroit offensive, qualité primordialement constitutive de toute défensive d'armée. 2°. Les retranchemens y seroient ramenés à leur véritable usage, qui est de suppléer au nombre inférieur ou à la mauvaise espèce de troupes, et de mettre à couvert des parties foibles et dégarnies; ils ne seroient qu'un accessoire combiné et employé dans la disposition générale, de manière à fortifier là quelques points, pour laisser porter ailleurs l'élite et la majeure partie des troupes; c'est-à-dire, à donner là une somme de résistance supérieure aux efforts de l'ennemi, pour procurer ailleurs une somme d'efforts supérieurs à son offensive.

Autant je pense que les retranchemens doivent être rarement employés par une armée, autant je crois au reste que tous les postes et corps détachés doivent en faire usage, sur-tout si ces postes ou corps détachés occupent des points où il soit nécessaire qu'ils résistent, s'ils couvrent une opération, s'ils gardent un entrepôt, un magasin, un débouché; car dans ces occasions il s'agit de tenir ferme, d'attendre du secours, et le petit nombre, quelque brave, quelque bien posté qu'il soit, peut être accablé par la multitude; or, de bons retranchemens suppléant à l'infériorité du nombre, et mettant en état d'attendre des renforts, c'est le cas d'en construire; ils sont, dans cette circonstance, le moyen principal et primitif de la défensive.

Par une conséquence du raisonnement posé ci-dessus, il ne faut pas que les postes ou corps détachés s'occupent de se retrancher, lorsqu'ils sont simplement destinés à servir de masque, à couvrir une plus grande étendue de pays que celle qu'ils peuvent occuper: dans le premier cas, leur but n'est pas de combattre, mais d'avertir; dans le second, il est inutile de retrancher quelques points, puisqu'ils ne pourroient tout défendre et qu'ils ne serviroient qu'à indiquer à l'ennemi où il faut qu'il cherche à percer. C'est en manœuvrant, en se tenant sans cesse en mouvement le long de la ligne de défense qu'on a choisie, qu'on peut espérer de s'opposer à lui. Dans l'un et l'autre cas enfin, tout poste ou corps de troupes qui prendra le parti de se retrancher, c'est-à-dire, celui de s'établir dans une position et de s'y arrêter plusieurs jours, s'exposera à s'y faire attaquer avec avantage, parce qu'il donnera à l'ennemi la tentation et le temps de combiner un mouvement offensif sur lui. Ceci n'exclut pas l'excellente maxime de passer les nuits dans la meilleure position possible, de rendre, si l'on est à portée de l'ennemi, cette position encore meilleure par quelques retranchemens, placés non de manière à faire de la position une position de combat, puisqu'on ne veut pas en recevoir, mais à donner le temps de se rassembler, de rappeler ses postes, à couvrir et à faciliter la retraite.

Enfin, savoir à propos se retrancher, ou ne pas se retrancher, distinguer les occasions où des retranchemens peuvent être utiles, inutiles ou funestes, les combiner, quand on a résolu d'en construire, avec l'objet qu'on se propose, avec ce qu'on peut faire de ses troupes, avec ce que peut l'ennemi, et pour cela ne pas en abandonner la détermination à un ingénieur, si cet ingénieur n'est en même temps homme de guerre et tacticien : voilà le devoir des officiers qui commandent des troupes à la guerre : il faut pour cela qu'ils aient les connoissances nécessaires, il faut qu'à cet effet il soit établi dans les troupes des écoles, et des écoles de pratique, bien plus que de théorie, pour la construction, l'attaque et la défense des fortifications de campagne. Je dirai dans mon grand ouvrage sur quel plan devront être formées ces écoles, quels objets l'instruction devra y embrasser. Je prouverai qu'en six mois un officier pourra acquérir les connoissances indispensables sur cette partie de la science militaire. Ce seront ensuite, s'il est né homme de guerre, l'expérience, les occasions, la fermentation d'esprit qui naît toujours de la vue des choses et des évènemens, quand on a quelques lumières acquises, qui l'affermiront dans ces connoissances et lui apprendront à en faire usage.

Je viens de chercher à établir le véritable rapport que les fortifications de campagne doivent avoir avec la tactique et avec les opérations militaires : examinons maintenant l'influence que la grande fortification, la fortification permanente, c'est-à-dire, les places de guerre, ont eue sur le système militaire de l'Europe. Cela nous conduira à chercher jusqu'à quel point cette influence devroit exister, et nous trouverons qu'il s'en faut que ce point soit celui où elle existe.

L'esprit d'imitation et de manie, qui fait aujourd'hui si prodigieusement augmenter l'artillerie et les troupes légères, sembloit sur la fin du dernier siècle vouloir convertir toutes les villes en places de guerre. Vauban et Cohëorn donnoient une si grande célébrité à leur art, et presque toute l'Europe militaire étoit si ignorante alors, qu'il n'est pas étonnant que ces deux hommes, avec du génie et des principes, aient entraîné toutes les opinions. Cohëorn fortifia la Hollande, Vauban fortifia la Flandre, le Rhin et une partie des frontières du royaume. Il bâtit ou répara près de cent forteresses. On vit en Flandre sur-tout, s'élever des chaînes de places sur deux ou trois lignes; on vit en même temps, car les erreurs partant du même principe sont ordinairement contemporaines, des provinces entières couvertes par des lignes; ces lignes étoient, à le bien prendre, des *polygones multipliés* et ajoutés l'un à l'autre sur un développement immense. Tel est enfin le reste du préjugé répandu alors, que la plupart des calculateurs politiques, en pesant les forces de la France avec celles des états voisins, font encore entrer aujourd'hui pour beaucoup trop dans la balance cette quantité de places dont quelques-unes de ses frontières sont garnies, comme si des bastions pouvoient défendre à eux seuls les villes qu'ils enveloppent; comme si la destinée de ces villes, quelque bien fortifiées qu'elles soient, ne dépendoit pas de la bonté et de la vigueur des troupes qui les défendent et les soutiennent; comme si enfin des places mal défendues ne tournoient pas à l'épuisement, à la honte et à l'esclavage certain des peuples vaincus qui en ont été les constructeurs et les maîtres.

Qu'est-il cependant résulté de cette multiplication énorme de forteresses ? Les guerres en sont devenues plus ruineuses et moins savantes : plus ruineuses du côté de l'argent et des hommes, parce qu'elles en ont consommé alors une bien plus grande quantité. Il a fallu construire ces places, il faut les entretenir; mais ce ne seroit encore rien que cette mise de dépenses primitives et annuelles. Ces places construites, il faut les approvisionner, il faut les garder même en temps de paix, il faut en temps de guerre les couvrir, les défendre, attaquer celles de l'ennemi; d'où il a fallu augmenter de part et d'autre le nombre des troupes et de tous les attirails relatifs, entretenir ces troupes et ces attirails en temps de paix, par conséquent être perpétuellement dans un état de guerre qui ne laisse jamais respirer les peuples.

Voyons avec un peu plus de détail comment notre système de places a nécessairement augmenté les armées. Les places des anciens étoient simplement environnées d'un mur avec un fossé, et d'un mur dont les tours ou les autres ouvrages à flanc étoient peu saillans. Elles n'avoient point de pièces de fortification extérieure, par conséquent elles exigeoient des garnisons moins nombreuses, il falloit des armées moins considérables pour les investir et les assiéger. Les places modernes occupent des terreins bien plus vastes. Aux courtines de leur première enceinte tiennent des bastions, dont la capacité doit être grande, pour qu'ils soient susceptibles d'une bonne défense. En avant de cette enceinte, il y a un fossé, des demi-lunes, un chemin couvert, un glacis, puis des ouvrages extérieurs, quelquefois tellement multipliés les uns devant les autres, que le dernier de ces ouvrages se trouve à quatre ou cinq cents toises du corps de la place. On sent ce que des circonférences pareilles exigent de moyens pour être défendues et pour être investies.

Cependant en même temps qu'un Etat construit des places sur ses frontières, l'Etat voisin tâche d'en construire sur les siennes. Ainsi il s'élève à l'envi forteresse contre forteresse. C'est en Flandre sur-tout que s'est vue cette rivalité. On eût dit que la France, l'Autriche, la Hollande croyoient augmenter leur puissance en augmentant le nombre de leurs bastions. Ces boulevards étant élevés de part et d'autre, il a fallu faire la guerre avec des armées plus nombreuses. Il falloit d'abord des garnisons dans des places, ensuite il falloit une armée pour faire les sièges, et souvent une autre armée pour les couvrir.

C'est déjà un grand mal occasionné par la multiplication et par le systême actuel de nos places de guerre, que l'accroissement prodigieux des armées et des dépenses, puisque ce surcroît épuise les peuples et la population. Examinons maintenant si l'art de la guerre y a gagné, si les guerres en sont devenues plus vigoureuses et plus décisives.

Les armées étant devenues plus nombreuses et traînant à leur suite une beaucoup plus grande quantité d'attirails, il eût fallu que la tactique eût fait, en raison de cet accroissement, des progrès relatifs; elle n'en fit pas, et, par conséquent, les armées ne furent que des masses plus compliquées, plus pesantes, plus difficiles à mouvoir et à nourrir. Il y eut moins de grands mouvemens en jeu de part et d'autre, moins de manoeuvres, moins d'habileté. Dans les pays couverts de places, comme la Flandre, la guerre prit un caractère de routine et de mollesse, qui n'est certainement pas celui du génie. On put à-peu-près calculer ce que chaque campagne devoit produire. Une ou deux batailles, la plupart du temps conduites et décidées par le hasard, s'y donnent ou s'y reçoivent, soit pour couvrir des places, soit pour préparer ou couvrir des sièges. Celui qui les perd, se retire derrière ces places, et celui qui les gagne, fait ou finit tranquillement quelques sièges. La campagne suivante c'est la même chose, et ainsi des autres, jusqu'à ce qu'un des deux partis, se sentant à ses dernières places, et par conséquent, suivant nos calculs actuels, à ses dernières ressources, se hâte de conclure la paix. C'est-à-dire, pour peindre d'un seul trait cette manière de guerre, que deux cent mille hommes de part ou d'autre vont pendant quelques années sur la frontière, répandre beaucoup de sang et d'argent, sans qu'il en résulte ordinairement d'autre effet décisif que celui de la prise de quelques places et de l'épuisement à-peu-près égal des vainqueurs ou des vaincus.

A voir cela, sous le point de vue de la philosophie et de l'humanité, il peut être heureux que, soit l'effet des places, soit celui de la routine établie, les guerres se passent ainsi en petites opérations, en alternatives de places prises et reprises, au lieu de conquérir et de ravager comme elles faisoient autrefois. Mais, à envisager l'objet militaire, l'art de la guerre y a sans doute perdu, puisque ses effets sont moins grands; puisqu'enfin ils ne remplissent pas le premier et le malheureux but qu'ils doivent avoir, celui de faire le plus de mal possible à l'ennemi, et de décider promptement les querelles des nations.

Il ne s'ensuit pas de-là que l'art de construire de bonnes places, de les attaquer, de les défendre, porté au point où il l'est sur quelques parties, et perfectionné comme il pourroit l'être sur beaucoup d'autres, ne fasse honneur à l'esprit humain, et ne soit une branche intéressante de la vaste science de la guerre; mais on lui a fait jouer un trop grand rôle, on a oublié qu'il n'étoit qu'un accessoire, et que la grande tactique, la tactique des mouvemens, celle qui fait gagner les combats, étoit le principal : on a trop compté sur les places de guerre; on les a trop multipliées : on s'est livré aveuglément à une infinité d'erreurs et de préjugés, que les ingénieurs, malheureusement peu instruits, tandis que le reste du militaire ne l'étoit point, mais malheureusement circonscrits dans la sphère de leur art seulement, et par conséquent enthousiastes, exclusifs, et portant rarement leurs vues au-delà de leurs fortifications, n'ont pas manqué d'accréditer et d'étendre.

Avant que d'oser substituer mon opinion à ces erreurs, je vais prévenir deux objections qui, m'ayant déjà été faites dans la conversation par quelques personnes, pourroient se présenter à mes lecteurs. Voici la première. « Supposé que la multiplicité des places de » guerre ait contribué à faire révolution dans » le systême militaire de l'Europe, et à faire » augmenter les armées, ce changement a-t-il » produit un mal politique pour les États ? » Les guerres, devenues plus ruineuses, en » sont devenues plus courtes, ainsi la balance » de consommation d'hommes et d'argent doit » être la même ? » Voici ma réponse.

« Supposons que les peuples intéressés dans » la fameuse guerre de trente ans, aient versé » autant de sang, dépensé autant de millions, » mis autant d'hommes sur les armes, que les » nations qui ont combattu la guerre dernière » pendant sept ans en Allemagne. Cette con- » sommation, égale en apparence, aura ce- » pendant des effets bien onéreux et bien plus » destructifs pour ces derniers, en ce qu'elle » sera faite en moins d'années, en ce qu'il est » bien différent de dépenser pendant trente

» ans de suite une somme proportionnée ou » même un peu disproportionnée à ses capitaux, ou de dépenser la totalité de cette » même somme en un petit nombre d'années, » et par conséquent d'être obligé d'engager » les capitaux, d'augmenter les impôts et de » recourir à des emprunts usuraires. Ce que » je dis ici pour les finances, peut s'appliquer » à la population : elle souffrira bien moins » d'une consommation quelconque d'hommes, » qui sera faite en dix ans, que d'une consommation égale qui sera faite en deux ; » elle supportera bien plus facilement le fardeau d'un million d'hommes employés à la » guerre, et conséquemment enlevés pendant » ce temps-là au mariage, à l'agriculture, à » tous les arts utiles, que celui du même » nombre d'hommes voués à la profession des » armes dans l'espace d'un petit nombre d'années. En un mot, les guerres longues, et faites » à petits frais d'hommes et d'argent, étoient » des maux légers qui pouvoient ne pas altérer la constitution d'un État robuste, tandis » que les guerres courtes et faites à frais immenses, c'est-à-dire, nos guerres actuelles, » sont des maladies de crise, qui jettent dans » la langueur l'État le plus sain et le mieux » constitué. »

Je passe à la seconde objection, elle est le grand argument des ingénieurs en faveur des places de guerre. « Les places de guerre, » disent-ils, sont la force d'un État : elles sont » la ressource dans les guerres malheureuses. » Sans les places, on feroit encore des guerres » d'incursion et de dévastation, comme elles » se font en Pologne, comme les font les Tar- » tares. Sans les places, ajoutent-ils, la France » eût été envahie dans la guerre de 1700? Les » batailles de Ramillies et de Malplaquet se » fussent données derrière la Somme ». Il y a dans ce raisonnement quelque vérité mêlée à des erreurs spécieuses. C'est un motif pour le discuter et l'approfondir. Reprenons d'abord sa dernière partie.

Il est très-vrai que l'enchaînement de malheurs et de fautes qu'éprouva la France dans la guerre de succession, eût porté les alliés en Picardie et peut-être plus loin, sans toutes les places de Flandre qui les arrêtèrent pas à pas. Mais qu'est-ce que cela prouve en faveur de la multiplicité des places? Elles ont été utiles; elles ont rendu les progrès des alliés plus lents et moins décisifs : mais il falloit avoir une tactique et de bonnes troupes; il falloit ne pas laisser tomber la discipline établie par Louvois : il falloit s'être attaché à former des officiers généraux ; il falloit ne pas faire un Chamillard ministre, et les courtisans de madame de Maintenon généraux ; on eût tenu la campagne avec avantage ; on eût eu en Flandre l'ascendant qu'une armée nationale et voisine de son pays, auroit dû naturellement avoir sur une armée de confédérés, dont quelques-uns étoient très-éloignés de leur pays ; on eût gagné les batailles, au lieu de les perdre : conséquemment on n'auroit pas eu besoin du secours désastreux des places. De ce qu'un enchaînement inoui de fautes et de mal-adresse, de ce que les vices de notre constitution militaire ont rendu quelques places utiles, n'en concluons donc pas en faveur de leur quantité. Il auroit bien mieux valu que l'État et l'armée eussent été constitués de manière à s'en passer ; alors que de millions épargnés ! que de millions qu'on auroit pu laisser dans les campagnes, ou porter à des dépenses plus utiles ! Enfin, dans la guerre dont on vient de parler, ce ne sont pas les places qui ont sauvé la France, ce sont les intrigues de la cour d'Angleterre, c'est l'affaire de Denain. Sans ces évènemens, il en auroit été de Cambray et d'Arras, comme de Lille et de tant d'autres villes, et la France eût été envahie.

Poursuivons. Les places font, dit-on, la

force de l'État. Cela exige une grande modification; car les places en elles-mêmes n'ajoutent pas plus à la force d'un État, que ses arsenaux et ses attirails de guerre, qui ne deviennent des moyens, que quand on a des armées en état de s'en servir. Il n'y a dans un État de force réelle et existante par elle-même, que des troupes portées au plus haut point d'instruction et de discipline. Ayez des places de guerre et les meilleures possibles, si en même temps vous n'avez pas d'armée, ou si cette armée est mauvaise, ces places, quelque multipliées, quelque fortes qu'elles soient, ne serviront qu'à faire des garnisons prisonnières, et à affermir les conquêtes de l'ennemi. Qu'on voie la Hollande hérissée de places, et défendue ordinairement par des troupes mercénaires et sans vigueur : en 1672, elle fut envahie presqu'en totalité dans six semaines. Elle ne fut sauvée que par ses inondations, par le parti qu'elle prit de mettre à la tête du peu de troupes qui lui restoient, le prince d'Orange qui leur rendit le courage, et reprit l'offensive sur les François dispersés et affoiblis par la garde de ces mêmes places qu'ils avoient conquises, et mal-à-propos gardées, au lieu de les détruire. Dans l'avant-dernière guerre, on l'a vue de même prête à être envahie. Le maréchal de Saxe, supérieur en génie et en habileté aux généraux ennemis, avoit donné l'ascendant à nos armées : il gagnoit les batailles ; de-là toutes les places mollement défendues ouvroient leurs portes : tant il est vrai que le destin des places est toujours réglé par celui des combats, que les places ne sont qu'un accessoire, et que l'important, la chose à laquelle on doit s'attacher, c'est à avoir une armée supérieure en manœuvre et maîtresse de la campagne.

Sans les places, les guerres seroient plus dévastatrices, l'intérieur des États courroit plus de risque. Voilà de toutes les objections la plus fondée, et celle qui milite le plus fortement en faveur des places. Approfondissons-la soigneusement. De la manière dont se fait la guerre aujourd'hui, il est constant qu'elles empêchent les incursions, et retardent l'invasion d'un pays. Il reste à savoir seulement, si les places seroient des obstacles pour des armées autrement constituées que les nôtres, si une cavalerie infatigable et facile à nourrir, comme celle des Numides et des Tartares, craindroit de passer entr'elles pour aller faire des courses dans le pays, et rentrer par une province opposée. Reste à savoir si un général, homme de génie, à la tête d'une armée qu'il auroit accoutumée à la patience, à la sobriété, aux choses grandes et fortes, n'oseroit pas laisser derrière lui toutes ces prétendues barrières, et porter la guerre dans l'intérieur des États, aux capitales même. Les doutes que je propose ici, serviront peut-être à faire voir que, si les places retiennent l'ennemi sur les frontières, et éloignent la guerre du cœur des États, c'est plutôt à cause de l'espèce et de la similitude de nos constitutions, à cause de la routine de guerre que nous avons adoptée, que par rapport aux obstacles réels qu'elles opposent.

Mais il ne s'agit pas de la manière dont la guerre pourroit se faire, il s'agit de celle dont elle se fait, et relativement à cette dernière, relativement à nos constitutions militaires, et bien plus encore à nos constitutions politiques: les places ont une utilité dont je vais parler, et qui me les feroit conseiller à la plupart des États de l'Europe. Cette utilité n'a peut-être pas été apperçue sous le même point de vue par leurs plus zélés partisans.

Dans la plupart des pays de l'Europe, les intérêts du peuple et ceux du gouvernement sont très-séparés : le patriotisme n'est qu'un mot; les citoyens ne sont pas soldats; les soldats ne sont pas citoyens; les guerres ne sont pas les querelles de la nation, elles sont celles du ministère ou du souverain : cependant elles ne se soutiennent qu'à prix d'argent et au moyen des impôts ; ajoutez que, dans quelques-uns de ces États, ces impôts sont excessifs ; que le peuple y est mécontent, misérable et dans une situation qu'aucune révolution ne peut empirer. Cela posé, je dis que, dans les États de cette nature, les places sont utiles ; car, indépendamment des services qu'elles rendent contre les troubles du dedans, il est important pour eux que les guerres avec l'étranger se fassent toujours hors des frontières: si elles pénétroient dans l'intérieur, il n'y auroit nulle ressource vigoureuse à attendre de la part des peuples. Indifférens et sans courage, ils baisseroient la tête sous le nouveau joug. Les malheurs pourroient amener de grands troubles et des secousses dans le gouvernement: tout au moins, ils occasionneroient des révolutions dans le ministère. Mais qu'il existe un État libre, un peuple qui ait des mœurs, des vertus, du courage, du patriotisme ; un peuple qui fasse la guerre à peu de frais, parce que tous les citoyens s'armeront pour la défense commune, sans exiger de salaire ; un peuple qui se gouverne par lui-même, et par conséquent, dans les temps de crise, mette nécessairement à sa tête l'homme le plus éclairé et le plus digne; je dirai qu'un tel pays peut se passer de places; qu'il doit même s'en passer, afin de conserver sa liberté; qu'en n'ayant point de places, il ne court aucun risque d'être subjugué: premièrement, il y a à parier que ses armées plus braves, mieux constituées, mieux commandées, arrêteront l'ennemi sur la frontière: si le contraire arrive, l'État ne sera pas en danger pour la perte de quelques lieues de pays; ses citoyens se rassembleront de toutes parts contre l'ennemi commun. Plus l'ennemi aura de succès, plus il faudra qu'il s'étende, et qu'il s'affoiblisse: où sera l'ennemi, là sera la frontière, parce que, si je peux m'exprimer ainsi, l'État ne fera que se replier sur lui-même, et que par-tout où il restera de la terre et des hommes, l'État subsistera encore. Ainsi les campagnes de Rome étoient inondées par les Gaulois, Rome étoit détruite; mais ses chevaliers, son nom, ses destinées s'étoient retirées sur la colline du Capitole, en attendant qu'un citoyen rassemblât les débris de la nation, et vînt chasser les vainqueurs.

Résumons, le plus brièvement possible, ce que je pense sur les places de guerre. Elles se sont trop multipliées; elles sont comptées pour beaucoup trop dans la balance des forces des

États, et dans le systême actuel de guerre. Elles ont rendu les guerres plus ruineuses, en ce qu'elles ont obligé de renforcer et de multiplier les armées : elles les ont rendu moins savantes et moins décisives, en ce qu'elles ont fait négliger la grande tactique, l'art des batailles, en ce qu'elles ont, en général, retréci les vues et les opérations militaires. D'un autre côté, elles ont rendu les guerres plus douces, elles empêchent les incursions, les dévastations : elles peuvent, bien défendues, empêcher ou retarder les conquêtes : elles ne procureroient peut-être pas ces derniers avantages, si les armées étoient différemment constituées, si un nouveau genre de guerre étoit substitué à la routine adoptée; mais cela n'étant pas, il faut compter les effets qui existent. Enfin, politiquement parlant, les places sont nécessaires à la plupart de nos gouvernemens, elles le seroient moins en proportion de ce qu'ils seroient plus libres, plus vigoureux, plus vertueux, plus aimés des peuples : elles le sont davantage, en raison de ce qu'ils s'éloignent plus de ces qualités.

Il me reste à dire comment les places peuvent être le plus avantageuses à un État. C'est quand, par exemple, les débouchés sur la frontière se réduisant à quelques points, ces places les occupent et les défendent; c'est quand la frontière se trouvant, par la nature du pays, ouverte et sans obstacle, elles sont assises sur quelques points principaux, comme rivières, confluent de rivières, etc.; c'est quand, quelque part qu'elles soient assises, elles sont grandes, capables de contenir des magasins, des arsenaux, des entrepôts d'armée; c'est quand, étant ainsi, elles sont fortifiées de manière à recevoir de grosses garnisons, des débris d'armée; et cependant, au besoin, à pouvoir se défendre avec peu de troupes; c'est, en un mot, quand elles sont des places d'armes, des points d'entrepôt et d'appui, des bastions dont une armée bonne et manœuvrière est la courtine, ou en avant desquels cette armée peut agir offensivement avec la sûreté d'en retrouver l'appui en cas d'échec; ou enfin que cette armée peut abandonner à leur propre force, en attendant les circonstances favorables d'attaquer l'ennemi qui les assiège.

Je reviens à dire qu'il faut que les places soient en petit nombre : si elles sont multipliées, il faut se consumer en grosses garnisons pour les garder, ce qui oblige à ne pas tenir la campagne et à prendre la défensive; ou, si l'on n'en met que de foibles, l'ennemi les menace toutes, manœuvre, dérobe un mouvement, et finit par investir celles qui se trouvent dépourvues; au lieu de cela, si l'on n'a qu'une ou deux places à couvrir, on peut ne pas les perdre de vue, primer toujours l'ennemi sur chacune d'elles, et lui tenir tête avec toutes ses forces rassemblées. Ceci tient à l'opinion que j'ai établie ci-dessus, que la guerre en grand, la guerre de campagne doit toujours être l'objet principal, parce que c'est le sort des armées qui régle celui des places.

Je reviens de même à dire qu'il faut que les places soient grandes, de manière à pouvoir servir d'entrepôt et d'appui aux armées: si elles sont petites, si elles sont comme toutes nos places des second et troisième ordres, elles sont inutiles : elles ne sont pour les armées ni des points de retraite, ni des points de ralliement, ni des points d'établissement. Que l'ennemi les assiège ; elles ne peuvent manquer d'être prises : qu'il ne veuille pas les assiéger ; il lui est aisé de les masquer : il peut souvent même, sans inconvénient, les laisser derrière lui. Met-on de foibles garnisons dans des places de cette nature? les ouvrages abandonnés à la défensive de méthode sont bientôt accablés par la supériorité de l'assiégeant. Y met-on des garnisons nombreuses? elles n'en sont souvent que plutôt prises, parce que ce nombre y devient embarras, parce que la plupart des commandans ignorent l'art de se créer des dehors sous les approches de l'ennemi, et de profiter de la force de leur garnison pour rendre leur défense offensive. Enfin la grande et la décisive raison qu'on peut donner contre cette sorte de places, c'est qu'il est tout au moins inutile de les construire à l'avance et à grands frais; c'est qu'à la guerre, il seroit possible de suppléer à l'objet momentané qu'elles remplissent, par des postes fortifiés momentanément. A-t-on besoin d'un entrepôt, d'une tête de quartier, d'un point pour défendre un débouché? Qu'on choisisse une ville, un village, une hauteur, un terrein avantageux, qu'on emploie beaucoup de bras à s'y retrancher; dans peu de jours on va en faire un poste où de bonnes troupes et un homme de tête se soutiendront assez pour donner le temps à l'armée de les secourir. Quels services rendent de plus les petites places construites et entretenues à grands frais? On peut être un siècle sans avoir occasion de faire usage d'elles, et alors on les laisse dégrader; ou si on les entretient, voilà, pendant un siècle, des dépenses annuelles qui forment des sommes considérables, et qui auroient pu être bien plus utilement employées ; cependant quand elles sont assiégées, si une armée ne vient à leur secours, elles finissent par être prises ; ainsi, à quelques jours près, les postes élevés en terre, tels que je les propose, rempliroient l'objet qu'elles remplissent. En un mot, ces derniers ont des avantages que les places ne peuvent avoir : c'est que la circonstance détermine leur position, et par conséquent la détermine toujours bien plus convenablement à l'objet du moment ; c'est que la circonstance ayant changé, on abandonne le poste, ou on le rase pour en aller faire un autre ailleurs ; c'est qu'on fait son poste proportionnément à l'objet qu'on veut qu'il remplisse, au nombre de jours qu'on veut qu'il tienne, au nombre ou à l'espèce de troupes qu'on veut y mettre, à la force et à l'habileté de l'ennemi qu'on a devant soi ; c'est qu'enfin l'officier qu'on charge de la défense du poste, préside en même temps à sa construction, la dirige suivant ses vues de défensive et ses moyens, tandis qu'au contraire, dans la plupart des places, ses vues et ses moyens se trouvent en contradiction avec l'espèce, la disposition trop grande ou trop bornée de leurs ouvrages. Expliquons cette dernière idée. Pour prouver, il faut, malgré soi, s'étendre en raisonnement.

L'inconvénient de toutes les places, et un inconvénient qui devient plus sensible à proportion qu'elles sont plus multipliées, c'est qu'en général les circonstances qui en ont déterminé l'assiette et le systême de construction, venant à changer par la révolution des évènemens, ces places se trouvent ou inutiles, ou mal emplacées, ou sans rapport avec les circonstances du moment. Pour nous convaincre de cette vérité, jetons les yeux sur deux cents places qu'on compte en France. Un homme qui n'auroit pas réfléchi sur leur position, seroit porté à croire qu'avec cette quantité de forteresses, toutes les provinces du royaume sont couvertes, et nous avons des frontières qui en sont absolument dégarnies; il n'y en a presque point dans nos provinces maritimes; nos plus grands ports, nos établissemens de marine sont à peine, du côté de terre, à l'abri d'un coup-de-main. Ailleurs nous avons deux ou trois lignes de places: nous en avons dans des points où elles ne couvrent rien, où elles ne défendent rien; c'est que la frontière, dans de certaines parties, s'est avancée, et que dans d'autres, elle a reculé; c'est qu'autrefois on avoit pour systême d'opposer place à place, et que celles de l'ennemi ne subsistant plus, les nôtres sont, dans quelques points, devenues inutiles; c'est qu'alors on avoit la manie de tout fortifier; c'est qu'aujourd'hui cette branche de l'administration n'est pas conduite sur un plan plus déterminé. On n'a ni le courage de raser ou d'abandonner totalement une partie des places, ni assez d'argent pour les entretenir : on les répare à demi. Il en est d'inutiles qu'on conserve par respect pour Vauban, ou par d'autres préjugés de routine : il en est qu'on augmente, parce que des villes ont des octrois qui font les fonds annuels de leur entretien; et qu'il est de règle établie que ces fonds doivent être employés aux fortifications de ces villes, ces villes n'en eussent-elles pas besoin. Il en est que les directeurs ou ingénieurs en chef se plaisent à bouleverser ou surcharger de pièces inutiles, afin de contrequarrer l'opinion de leurs prédécesseurs, ou de suivre la leur. Il en est autour desquelles on fait des enceintes d'ouvrages qu'une armée seule pourra défendre; travaux sur l'immensité, sur l'inutilité et sur la cherté desquels on ne peut s'empêcher de gémir, quand on songe que, si on n'a pas une armée à jeter dans ces ouvrages, ils ne sauveront pas la place; que, si l'on a une armée, il vaudroit mieux qu'elle tînt la campagne, qu'elle couvrît la place par une position bien prise ou par une guerre de mouvemens ; et qu'enfin en cas de malheur ou d'infériorité trop grande, elle se retranchât sous la place, et se soutînt dans ses dehors jusqu'à ce que la fortune eût changé.

On voit combien il seroit important que le gouvernement s'occupât de cet objet, qu'il formât à cet égard un plan combiné sur la situation actuelle du royaume, et sur les véritables principes de la guerre. Si j'ai bien démêlé ces derniers, ce plan devroit être d'avoir, dans toutes les provinces frontières, à proportion de leur étendue, une ou plusieurs grandes et bonnes places situées non-seulement dans la position la plus avantageuse en elle-même, mais dans celle qui, à voir la chose en grand, couvre ou appuie le mieux la frontière ; ce que j'ai appelé, en un mot, des places à entrepôt et à ralliement.

Ce seroit d'avoir, en arrière des provinces frontières et dans quatre points principaux pour la totalité du royaume, quatre autres places destinées à recevoir les fonderies, les arsenaux, les ateliers de fabrication militaire de toute espèce ; car il est inoui que la plupart de ces établissemens se trouvent sur la frontière et dans des villes de première ligne. Nos deux établissemens d'artillerie sont à Douay et à

Strasbourg ; presque tous nos fers coulés et nos armes blanches se manufacturent dans des villages sur la frontière, et tellement sans protection, que toutes les fois que la guerre en approchera, il ne tiendra qu'à un parti ennemi d'y venir mettre le feu.

Ce seroit, après avoir déterminé les grandes places qu'il est important à la France d'entretenir, ainsi que les quatre places d'ateliers et d'arsenaux dont je viens de parler, de faire dans ce systême les changemens que les circonstances exigeront, comme, par exemple, à la suite d'une guerre malheureuse, et qui aura rendu frontière une province qui ne l'étoit pas, de fortifier cette province, ainsi que l'étoit celle qu'on a perdue ; et de même dans une guerre heureuse, et qui aura reculé les frontières du royaume, d'abandonner les fortifications des anciennes limites, et de fortifier les nouvelles, en sorte que l'état ait des frontières sur lesquelles, ou en avant desquelles ses armées puissent faire la guerre avec avantage, et que toutes les dépenses relatives à la construction et à l'entretien des places, soient appliquées avec combinaison et avec fruit ; ce seroit enfin d'abandonner l'entretien de toutes les autres places, ou peut-être de les faire raser, parce que ce grand nombre de forteresses, la plupart trop petites, mal situées, à demi-dégradées, est ruineux, inutile et contraire aux bons et véritables principes de la guerre, et parce qu'en cas de guerre on peut suppléer avantageusement à cette espèce de places, par des postes retranchés relativement à l'objet du moment.

Mais, pour exécuter avec fruit un si grand changement, il faut auparavant avoir perfectionné toutes les parties de notre constitution militaire : il faut avoir des troupes à l'épreuve et manœuvrières, des généraux qui sachent les conduire, et qui, osant s'écarter de la routine établie, adoptent, pour ainsi dire, un nouveau genre de guerre. Il faut des troupes infatigables, accoutumées aux travaux, et qui puissent au besoin et promptement créer les places mobiles dont j'ai parlé, comme les légions Romaines construisoient les *castrums* qu'elles employoient au même usage : il faut exercer ces troupes à la construction et à la défense de ces postes, avoir sur cet objet des écoles continuelles et bien dirigées : il faut enfin former les bras et le courage des soldats, la tête et les préjugés des officiers ; car les troupes étant une fois parvenues à ce point de perfection, avec de la terre et des hommes, on fait aisément des postes qui remplissent l'objet des places.

Feu M. le maréchal de Broglie avoit prouvé cette vérité à Prague. Dix-huit ans après, ses descendans ont renouvelé son exemple à Cassel et à Gottingen. Gottingen n'avoit qu'une enceinte en terre, dégradée et susceptible d'insulte presque par-tout. En un mois, il fut mis en état de défense, approvisionné et abandonné à ses propres forces. Les ennemis s'approchèrent, et furent étonnés de voir une place menaçante où ils ne s'attendoient qu'à trouver un poste insultable. A Cassel, M. le comte de Broglie créa une partie de ses dehors pendant le siège. Il en créa quelques-uns sous le feu de l'ennemi. Il élevoit travail contre travail, terre contre terre. Qu'on suive l'histoire en un mot, ce sont ces places du moment, si je peux m'exprimer ainsi, qui ont soutenu les sièges les plus vigoureux; c'est qu'un commandant qui sait réparer une mauvaise enceinte, imaginer des obstacles, les faire naître, les avancer, pour ainsi dire, sur les pas de l'assiégeant, a ordinairement dans la défense de ses travaux, l'intelligence, le sang-froid et l'opiniâtreté d'exécution.

Ayant osé avancer mes opinions sur le véritable usage qu'on devroit faire des fortifications, je peux, bien à propos du corps qui les dirige, oser dire que, dans cette révolution de systêmes, il y auroit une autre constitution à lui donner, une constitution qui le rapprocheroit davantage des troupes et de la connoissance de toutes les autres parties de la guerre; qui lui donneroit même sur l'art qu'il cultive, des écoles plus instructives et plus militaires; qui enfin détruisant beaucoup de préjugés, suite de la constitution actuelle et de la manière dont on le fait servir, le rendroit propre à plus et de plus grands objets.

Ce chapitre excède les bornes que je m'étois prescrites. Mais peut-on s'arracher à des idées commencées? Peut-on s'arrêter dans l'exposition des vérités qu'on croit découvrir! Cette partie étoit d'autant plus intéressante qu'elle étoit neuve à traiter, et que la plupart des erreurs que j'ai cherché à y combattre, sont accréditées par le temps et revêtues de quelques apparences de lumières.

CHAPITRE XVII.

Rapport de la connoissance des terreins avec la Tactique.

A EN juger par tous les détails militaires qui nous restent des anciens, la science de la reconnoissance des terreins devoit être pour eux bien moins importante que pour nous. Leurs ordres de bataille, plus profonds et plus racourcis que les nôtres, n'avoient pas besoin de position d'un grand développement. A peine voit-on même que le choix de ces positions les occupât. Dans le récit de toutes les batailles de l'antiquité, on ne voit aucun détail topographique. Il semble que leurs combats se donnoient toujours dans les plaines, et que les armées recherchoient cette espèce de terrein par préférence. C'est qu'alors toute la ressource des troupes étoit dans les manœuvres. Une arme appuyoit l'autre. C'étoit ordinairement la cavalerie qui formoit les ailes. A Pharsale, César sut disposer son armée en échelon oblique, et ce fut là ce qui lui valut le gain de la bataille. Rarement voit-on dans l'histoire qu'il soit question d'une aile qui ait cherché protection dans la nature du terrein. Pour des affaires de postes, il n'en est certainement jamais fait mention : l'espèce des armes et de la tactique des anciens ne les y rendoit pas propres. La phalange n'avoit de force que dans les plaines. Une légion Romaine avoit toute sa confiance en elle-même. Tant que l'infanterie fut brave et bien armée, tant que les machines de guerre ne se multiplièrent pas, tant qu'on se battit corps à corps, il en fut ainsi ; mais lorsque les légions dégénérèrent, lorsqu'elles quittèrent les armes défensives, lorsqu'elles devinrent timides et tremblantes dans les plaines, lorsque les catapultes et les balistes se multiplièrent dans les armées, comme les canons se multiplient aujourd'hui dans les nôtres, on commença à avoir recours aux ressources du terrein, on chercha les hauteurs, on espéra augmenter par elles l'effet des machines de jet, on tâcha de mettre des obstacles entre l'ennemi et soi. Dans les guerres d'Arien contre les Alanes, on voit les détails de la disposition d'une bataille, qui rapprochent beaucoup ce temps-là des nôtres.

Presqu'indifférent sur les ressources que les pays coupés pouvoient offrir à leurs ordres de bataille, les anciens paroissoient encore bien moins occupés des connoissances topographiques, dans la conduite journalière de leurs opérations. Jusqu'à la seconde guerre Punique, on ne voit nulle part la tactique Romaine avoir quelque relation avec le terrein. Fabius fut le premier qui commença à mettre à profit la nature du pays, pour s'opposer aux succès d'Annibal. Ses imprudens prédécesseurs s'étoient fait battre dans les plaines; il sentit qu'il étoit trop inférieur en tactique à son adversaire, pour s'y compromettre ; il chercha les hauteurs, prit des positions, fit une guerre de mouvemens, évita les combats. Sa conduite sauva Rome, et elle y trouva des censeurs ; tant les principes de cette belle campagne étoient inconnus aux Romains accoutumés à combattre plutôt qu'à manœuvrer !

L'histoire nous fait voir César occupé quelquefois de la nature du pays, dans le choix de ses camps ; mais le peu de détails topographiques, dans lequel César entre lui-même dans ses mémoires, semble prouver que ces détails n'étoient pas regardés comme bien importans alors. Ils le furent encore bien moins dans ces temps d'ignorance et de barbarie, qui succédèrent aux beaux jours de l'empire ; toutes les parties de l'art militaire dégénérèrent à la fois ; les campagnes ne furent plus que des incursions ; et le hasard, ou le courage, décida seul des combats.

Quand les armes à feu eurent acquis quelque perfection, le terrein dut commencer nécessairement à prendre de l'influence sur les opérations de la guerre. L'infanterie chercha les pays coupés ; elle occupa par préférence les villages, les bois, les hauteurs. Ces points devinrent des postes et des appuis intéressans à se procurer : ils entrèrent par conséquent dans les combinaisons de la castramétation et de la tactique. Ce fut, sans doute, une nouvelle ressource pour le génie, et un pas de plus vers la perfection de l'art; mais, comme presque par-tout l'abus suit la vérité, peu à peu cette influence des terreins sur les opérations est devenue trop absolue. La science du mouvement des troupes a été négligée : on a cru qu'il étoit inutile de manœuvrer, que toute la science de la guerre consistoit à choisir des positions avantageuses. De-là se sont élevés tant d'officiers topographes, réels ou prétendus, qui remplissent les états-majors de l'armée, et les cabinets des Ministres; officiers qui, pour la plupart n'ont aucune connoissance de la tactique, aucune habitude de manier les troupes, qui regardent même cette connoissance et cette habitude au-dessous d'eux. Cette manie de topographie, cette prévention outrée des états-majors d'armée en faveur des détails dont ils sont chargés, étoient faites pour s'accréditer en France, plutôt qu'ailleurs; parce que tous les officiers y sont portés à raisonner, et à se croire relevés par des fonctions qui, revêtues de quelques apparences d'importance, initient aux mystères des opérations.

Sans doute la science de la reconnoissance des terreins est importante, il faut qu'elle soit cultivée, et que ses résultats entrent dans les combinaisons journalières de la guerre; mais il faut qu'elle ne soit regardée que comme une branche de la tactique qui est, je le répète, la science mère; il faut donc que les officiers de l'état-major de l'armée soient tacticiens; il faut qu'ils sachent disposer et manier les troupes; il faut que dans leurs supputations, ils n'oublient pas que les troupes défendent encore plus les positions, qu'elles ne sont défendues par elles, que le terrein n'est jamais que l'accessoire, et que l'arme est toujours le principal; il faut enfin qu'ils n'aient point la prétention aveugle de croire que toute la science de la guerre et la sublimité du métier résident dans leur travail de cabinet.

Pour que cela fût ainsi, comment faudroit-il choisir les officiers de l'état-major? Ce devroit être parmi des hommes qui eussent l'habitude des détails et des mouvemens de toutes les armes; parmi les officiers majors, ou supérieurs des corps; parmi ceux d'entre eux qui ont le plus d'intelligence, le plus d'activité, le plus de sagacité et de justesse dans le coup-d'œil. Comme ensuite c'est un talent que de bien reconnoître un pays, et que ce talent est fondé sur une théorie dont il est important d'acquérir la pratique, ces officiers formeroient, en temps de paix comme en temps de guerre, un corps d'état-major permanent. Ce corps seroit sous la direction d'un officier-général qui, lui-même, joindroit aux talens les plus décidés pour la grande partie de la guerre, la science et l'habitude de remuer toutes les armes qui entrent dans la composition d'une armée, qui par conséquent ne regarderoit pas la tactique comme une science minutieuse et subalterne, sous la direction d'un officier général, en un mot; car la dénomination de ce grade, qui trop souvent ne tient presque rien de ce qu'elle promet, signifie un homme qui, par son étude et par son expérience, a embrassé toutes les parties de la guerre, et qui connoît l'analogie qu'elles doivent toutes avoir entr'elles.

Où se tiendroient les écoles d'instruction de cet état-major? Ce seroit au milieu des troupes, dans les grandes garnisons, dans les camps de paix. Là, plus de supputations idéales, et que la pratique ne peut pas éclairer; là, les grandes opérations de la guerre, comme marches, ordres de bataille, seroient mises à exécution, et combinées avec le terrein; là, conséquemment la tactique seroit enseignée, c'est-à-dire, la tactique, telle que je l'ai définie: *La science de toutes les parties de la guerre:* là, les officiers d'état-major acquerroient de plus en plus l'habitude de manier les troupes, se fortifieroient le coup-d'œil contre les illusions que produit la multitude, contre les différences d'un terrein nu, ou couvert de troupes ; là, enfin, ces officiers se familiariseroient de plus en plus avec les troupes, au lieu de tendre à s'en séparer, au lieu de les regarder comme des ressorts purement mécaniques, ainsi qu'ils le sont aujourd'hui.

Qu'on compare une telle école d'état-major, à celle que, depuis la paix, nous tentons de former. Dans cette dernière, ce sont quelques officiers, dont la plupart ignorent et dédaignent les premiers élémens de la tactique, qu'on envoie faire des reconnoissances sur les frontières ; ceux dans lesquels on a le plus de confiance ont la permission de joindre aux rapports qu'ils font de ces reconnoissances, des mémoires militaires, des systêmes d'opérations offensives ou défensives ; les autres sont des jeunes officiers désignés sous le nom d'élèves. A ces derniers on ne demande que des mémoires purement topographiques, c'est-à-dire, le travail d'un ingénieur géographe. Cependant les uns et les autres perdent de vue les troupes. » Que faire avec des trou-

» pes? (disent les uns, et ceux-là sont les » plus éclairés.) Nous sommes exclus par état » de les commander, elles sont absorbées dans » les détails, on semble ne pas imaginer que » nos opérations puissent avoir rien de com- » mun avec elles. Qu'est-ce que la tactique? » (disent les autres, et c'est le plus grand » nombre.) C'est une science futile, et aux » détails de laquelle nous sommes bienheu- » reux d'être soustraits. Qu'importe toute » cette discipline, toutes ces évolutions? C'est » dans nos reconnoissances, dans nos mar- » ches, dans le choix de nos positions, qu'est » le sublime et l'important du métier. » Et ainsi raisonnant, ils vont dessinant, dressant des itinéraires, faisant mouvoir leurs armées imaginaires, et souvent ne voyant pas un soldat de toute l'année. Que résultera-t-il de-là? C'est qu'à la première guerre, si les généraux sont forcés d'employer indifféremment tous les membres de cette école, les affaires s'en trouveront mal; que, s'ils en laissent la plus grande partie, pour se choisir des officiers d'état-major eux-mêmes, ceux qu'ils se choisiront ne vaudront pas mieux; ou, quand même ils auroient les qualités nécessaires pour réussir, ils seront du moins inexperts, ou rouillés sur les détails dont ils les chargeront.

Il y a certainement une théorie et des principes pour reconnoître un pays, pour en démêler les détails, les saisir, et les calquer dans sa mémoire. En étudiant la direction des chemins et le cours des eaux, on se fait d'un pays une idée plus nette et plus militaire. Aux points où un officier se portera, en entrant dans un pays qui lui sera inconnu, pour en mieux saisir l'aspect, aux points de repaire et de signalement qu'il se choisira, aux triangles et aux rayons que son œil projettera, il sera facile de juger s'il a, ou non, le talent de reconnoître. Dans les pays montagneux particulièrement, c'est un art que de bien démêler les chaînes principales d'avec les sommités, ou contreforts qui en dérivent; les points où naissent et coulent les eaux, les entrées des gorges, l'espèce des pendans, la profondeur des vallons, les distances des lieux. Il existe, à cet égard, une théorie excellente, créée par M. de Bourcet, dont le militaire doit desirer la publication.

Mais le grand moyen pour devenir habile dans la science de reconnoître les terreins, c'est la pratique journalière; c'est dans sa jeunesse, de voyager, de chasser, de se promener souvent militairement. Ainsi faisoit Philopæmen: Polybe le cite. Ainsi feront tous les officiers qui voudront s'élever aux grandes parties de la guerre. Car, dans quelqu'arme qu'on serve, la science du coup-d'œil est de la plus grande importance. Dans ma Tactique élémentaire, j'ai proposé, à cet égard, des écoles pour les officiers. De ces écoles sortiroient de bons officiers-majors; et de ces officiers-majors d'excellens sujets pour les états-majors des armées.

Lorsqu'on a le coup-d'œil formé; lorsqu'on sait juger parfaitement un terrein, mesurer les distances jugées sous différens aspects; lorsqu'on s'est affermi la vue contre les illusions sans nombre que peuvent produire la différence des terreins, la quantité et la complication des troupes de différentes armes, vues sous différens aspects; les manœuvres de ces troupes, les ruses de tactique dont elles se servent, si elles sont habilement maniées; l'horizon plus ou moins serein, et mille autres causes accidentelles ou locales: il s'agit d'apprendre à voir un pays militairement, c'est-à-dire, à démêler promptement et sûrement quelle influence ce pays peut avoir sur les opérations militaires; quelle position il offre, dans tel ou tel cas, à l'armée ou au corps de troupes dont on suppute les mouvemens; quels y seroient les débouchés et l'ensemble d'une marche sur tel ou tel point; enfin les rapports généraux et de détails que cette masse de pays pourroit avoir avec les armées qui y agiroient. Mais ce talent-là peut s'augmenter, et non s'acquérir, par l'habitude; il est un présent de la nature, et l'instinct du génie. Car supposons un homme qui sera excellent topographe, qui démêlera et embrassera bien, de l'œil et de l'imagination, l'ensemble d'un pays, abstraction faite de troupes et de circonstances : si cet homme n'est pas né homme de guerre, qu'on le transporte dans un terrein couvert de troupes; qu'il y soit obligé de combiner ses connoissances locales avec des opérations militaires; qu'il soit chargé de déterminer un mouvement ou une position, relativement à telle ou telle circonstance, il sera embarrassé, incertain, aveuglé; et, s'il se détermine enfin, il prendra le mauvais parti : à plus forte raison le prendra-t-il, s'il faut, comme il arrive souvent à la guerre, que sa détermination soit prompte, qu'elle s'élance comme son coup-d'œil, qu'elle soit prise au milieu du tumulte et du danger, au milieu des inconvéniens qu'offrent tous les faux partis qui environnent souvent le seul qui est bon. C'est-là cette sagacité de coup-d'œil et de jugement qui gagne les batailles, et que la nature ne donne, dans l'espace d'un siècle, qu'à quelques hommes privilégiés.

La science du coup-d'œil et la connoissance des terreins étant intimement liées avec la tactique, on voit combien de fausses et d'inutiles lumières donneront les écoles d'état-major, qui ne seront pas constituées d'après ce principe fondamental. Je vais le faire sentir encore davantage. Il s'agit de choisir une position pour une armée. Si celui qui la détermine n'est pas tacticien, comment saura-t-il combiner, relativement à la force de cette armée, l'étendue que cette position devra avoir? Comment aura-t-il égard, dans le choix de cette position, à l'espèce d'arme dans laquelle l'armée est la plus forte ou la plus foible ; à l'espèce d'ordre de bataille dans lequel il peut être le plus avantageux de l'occuper ? Faute de cette combinaison, on prend des positions bonnes en elles-mêmes, mais qui se trouvent défectueuses, relativement au nombre et à l'espèce de troupes qui les garnissent. On prend des positions dont le front est redoutable, et où l'armée ne peut pas manœuvrer, faute de fond. On en prend d'autres qui sont formidables de toutes parts, mais dans lesquelles l'armée, réduite à la défensive, perd l'avantage de pouvoir manœuvrer, et profiter des fautes de l'ennemi. On en prend enfin que, par un mouvement qu'on n'a pu prévoir, l'ennemi parvient, ou à tourner, ou à percer, ou à faire abandonner, sans qu'on ait le pouvoir de lui résister.

Mais après qu'une position est déterminée, après même qu'elle est reconnue avantageuse, soit relativement aux vues d'offensive et de défensive, soit par rapport au nombre et à l'espèce des troupes qui doivent l'occuper, il reste une manière d'y disposer les différentes armes, dans laquelle il faut encore que la tactique soit combinée avec la connoissance du terrein. Ce mélange de combinaisons est un art qui a aussi ses principes. Soit, par exemple une lisière de hauteurs, déterminée pour être le front de la position que l'armée doit occuper. Si, suivant la routine ordinaire, on y ordonne la disposition des troupes, étant sur le terrein même, et en parcourant le front de la position, on court risque de ne pas distribuer les armes dans les emplacemens qui peuvent leur être le plus avantageux, et de ne pas tirer de la position tout le parti dont elle est susceptible. En se portant, au contraire, en avant de la position, et aux points par où l'ennemi pourroit arriver sur elle, on en découvrira plus parfaitement l'ensemble et les détails : on verra d'abord le terrein qui est en avant d'elle, l'aspect qu'elle présente à l'ennemi, la disposition d'offensive qu'elle peut lui indiquer. Se supposant ensuite à la place de l'ennemi, on cherchera quels sont les moyens par lesquels il pourroit attaquer cette position; et, partant de là, quels sont les contre-moyens qu'on pourra lui opposer. En voyant la position de face, on jugera mieux l'emplacement qu'il faut y donner à chaque espèce d'armes; les saillans avantageux à occuper par des batteries; l'effet que le feu de ces batteries doit faire sur les débouchés par où peut arriver l'ennemi; le point des hauteurs le plus convenable à occuper, pour que le feu de l'infanterie ne soit pas trop plongeant; les rideaux derrière lesquels on peut mettre une partie de ses troupes à l'abri du feu des batteries de l'ennemi, ou faire illusion à l'ennemi sur le nombre de ses forces, et sur la véritable disposition qu'on lui oppose.

La science de la reconnoissance des terreins, combinée avec la tactique, pourroit être, comme l'on voit, le sujet d'un ouvrage intéressant; et il naîtroit, sans doute, d'une école d'état-major, constituée sur le plan que je propose. Sur cette branche de l'art militaire, comme sur tant d'autres, il n'y a rien de réduit en principes; l'on croit que cela est inutile : d'une part, parce que le talent de connoître un pays est, dit-on, un don inné, et que, sur les choses de génie, il n'y a point de préceptes à poser : de l'autre, parce qu'à peine croit-on que la tactique soit une science, et encore moins qu'elle ait une liaison indispensable avec la connoissance des terreins.

En supposant que les officiers-majors devinssent tacticiens, j'admets, à plus forte raison, que les généraux le seroient, et alors les armées seroient plus manœuvrières : quand je dis les armées, j'entends des armées en masse, et non morcelées par corps et par détachemens. Elles sauroient exécuter des marches à portée de l'ennemi, prendre des ordres de bataille, et gagner des batailles par manœuvres. A mesure qu'on feroit davantage la guerre de mouvement, on s'écarteroit de la routine actuelle; on reviendroit aux armées moins nombreuses et moins surchargées d'embarras; on rechercheroit moins ce qu'on appelle *des positions* : car les positions ne doivent jamais être que la dernière ressource d'une armée manœuvrière et bien commandée. Quand une armée sait manœuvrer, et qu'elle veut combattre, il est peu de positions qu'elle ne puisse attaquer de revers, ou faire abandonner à l'ennemi. Les positions, en un mot, ne sont bonnes à prendre que quand on a des raisons pour ne pas chercher à agir, ou qu'elles sont de telle nature qu'elles réduisent l'ennemi à les attaquer avec désavantage, ou à manquer ses opérations. Ceci mérite d'être développé avec plus de détails.

Qu'est-ce en effet qu'une bonne position? C'est un vaste développement de terrein, dont le front et les flancs fournissent des emplacemens avantageux à l'armée qui doit les occuper, et présentent à l'ennemi, qui voudroit l'en déposter, des obstacles difficiles à vaincre. Mais que fera cette position, quelque bonne qu'elle soit, à un ennemi habile et manœuvrier? Ne peut elle pas être tournée de loin, si ce n'est de près? Et alors l'armée qui l'occupe, n'est-elle pas obligée de l'abandonner? Cette position, formidable par-devant, l'est-elle par-derrière? Et attaquée par ce dernier côté, ne peut-elle pas devenir désavantageuse? Il est rare que la nature présente de ces positions à double front, dans lesquelles une armée puisse être également bien postée sur l'une ou sur l'autre face. Telle est même la routine des idées reçues, que, comme on n'a pas encore vu d'armée attaquée par derrière, on ne songe pas que cela puisse être. Rien n'est cependant plus possible.

Supposons, d'un côté, une armée surchargée d'embarras, mal habile à manœuvrer, telle enfin que sont les nôtres ; et, de l'autre, une armée bien constituée, manœuvrière, commandée par un général qui ait médité toutes les ressources de la tactique. L'une cherchera des positions, y mettra toute sa confiance ; se remuera difficilement et avec lenteur ; sera enchaînée par ses méthodes de subsistance, se croira perdue, si elle n'a pas toujours ses établissemens bien exactement derrière elle. L'autre sera légère et maniable, capable de mouvemens hardis, de marches rapides et forcées : elle sera toujours sur l'offensive, ne s'enfermera presque jamais dans des positions, et méprisera celles qu'on voudroit lui opposer. L'ennemi croira-t-il l'arrêter par une de ces positions prétendues inexpugnables ? Elle saura lui dérober un mouvement, ou même, sans le lui dérober, se porter, à sa vue, sur son flanc ou derrière lui. Pour exécuter ce mouvement, elle portera, s'il le faut, des vivres pour huit jours, et se passera de ses établissemens. Que fera l'ennemi, étonné de ce genre de guerre nouveau ? Attendra-t-il qu'une armée habile à se remuer, à fondre rapidement sur la partie foible d'une disposition, à passer, en un moment, de l'ordre de marche à l'ordre de combat, se trouve en mesure d'attaquer le flanc ou le derrière de sa position? Cette inaction lui deviendroit funeste. Changera-t-il de position? Alors il perdra les avantages de terrein sur lesquels il avoit compté, et il sera obligé de recevoir la bataille où il pourra. Peut-être son mouvement lourd et lent donnera-t-il prise sur lui: il sera embarrassé de ses attirails et de ses moyens de subsistance; il craindra d'être séparé de ses établissemens, dont il ne saura se passer, parce qu'il aura contracté l'habitude d'y être assujéti, et parce que ses troupes, plus nombreuses que celles de l'autre armée, seront, indépendamment de cela, moins sobres et moins patientes.

Enfin je dis qu'une armée, bien constituée et bien commandée, ne doit jamais trouver devant elle de position qui l'arrête, ou qui la force d'y attaquer avec désavantage l'armée qui y est établie; à moins que ce ne soit une de ces positions rares, qui, touchant à l'objet qu'elles veulent couvrir, ne laissent la ressource de manœuvrer, ni sur leur derrière, ni sur leur flanc. Telle étoit cette position si habilement choisie par M. le Maréchal de

Broglie en avant de Francfort, et si glorieusement justifiée par le gain de la bataille qui s'y donna. Telles sont en général celles qu'une armée peut prendre à la tête d'un débouché unique qu'elle veut défendre, ou en avant, ou très à portée d'une place dont il faudroit nécessairement que l'ennemi fît le siége. Je dis que, dans tout autre cas, les positions sont méprisables; qu'il est facile d'obliger l'ennemi à en sortir; et, s'il s'obstine à y rester, de l'y attaquer avec avantage. On n'a qu'à se porter sur son flanc ou derrière lui; on n'a qu'à l'attaquer par tout autre côté que par le front de sa position, qui est celui où il prémédite sa disposition de défense, et où le terrein lui est avantageux. Je dis qu'un général qui secouera, à cet égard, les préjugés établis, embarrassera son ennemi, l'étonnera, ne le laissera respirer nulle part, le forcera à combattre ou à reculer toujours devant lui. Mais à un tel général, il faudroit une armée constituée différemment des nôtres; une armée qui, ayant été exercée et formée par lui, fût préparée à l'espèce toute nouvelle d'opérations qu'il lui feroit exécuter.

J'ai déjà jeté, dans le cours de cet ouvrage, quelques idées sur cet important sujet : j'y reviens encore, parce que j'ose imaginer qu'il y a une manière de conduire les armées, plus avantageuse, plus décisive, plus faite pour procurer de grands succès, que celle que nous avons employée jusqu'à présent. Le roi de Prusse est le seul général qui ait eu quelquefois cette manière, et elle a fait sa gloire.

CHAPITRE XVIII.

Rapport de la science des subsistances avec la guerre, et particulièrement avec la guerre de campagne. Examen de la manière dont nous faisons subsister nos armées.

C'est une branche importante de la vaste science de la guerre, que l'art de pourvoir à la subsistance des armées. Cet art, comme tous les autres, a eu ses révolutions; il a, suivant les temps, varié dans ses détails et dans ses principes. Je vais faire ici l'examen intéressant de ce qu'il a été dans les principaux âges de l'antiquité, et de ce qu'il est dans le nôtre.

On ne voit pas dans l'histoire, mais il est aisé de concevoir, comment pouvoient et devoient subsister ces petites armées des républiques grecques, faisant la guerre à quelques lieues de leur territoire; et quelle espèce de guerre! Des incursions de quelques jours faites pendant la saison des récoltes, et terminées ordinairement par une bataille, à la suite de laquelle les deux partis alloient réparer leurs pertes et cultiver leurs champs.

L'histoire nous laisse également sans lumières, et il est plus difficile d'y suppléer sur la manière dont subsistèrent ces armées, quand l'ambition des états de la Grèce, augmentée avec leur puissance, les fit plus nombreuses, et les porta à la conquête des îles voisines et de quelques parties de la côte d'Asie. On voit seulement qu'alors le soldat, qui combattoit auparavant gratuitement, eut une solde réglée. L'histoire dit que cette solde étoit toute en argent, et elle en marque le montant. Le soldat étoit-il chargé ensuite, au moyen de cette paie, de pourvoir à sa nourriture? Comment y pourvoyoit-il? L'armée formoit-elle des magasins? Voilà ce que nous ignorons. Je pourrois donner des conjectures sur tous ces objets; mais il est inutile de hasarder des conjectures où manquent les lumières.

On sait bien moins encore comment subsistoient ces multitudes presque fabuleuses avec lesquelles les rois de Perse tentèrent d'envahir la Grèce. Elles étoient si nombreuses, elles traînoient à leur suite une si grande quantité d'attirails et de bêtes de charge, qu'elles mettoient à sec, dit l'hyperbolique Hérodote, les rivières auprès desquelles elles séjournoient; et que la disette et la peste s'établissoient après elles dans les pays où elles avoient passé. On peut conclure de-là que ces armées vivoient, au hasard et sans méthode, des moyens que leur offroit le pays; et ce qui le confirme, c'est que leurs expéditions n'étoient que des incursions. Ces inondations armées avoient le cours des torrens et s'écouloient comme eux.

Au reste, ce n'est pas le cas de regretter que l'histoire ne nous dise point comment ces armées de barbares subsistoient dans leurs expéditions; elles y périssoient, comme dans les combats qu'elles donnoient, victimes de leur immensité et de leur ignorance. Mais on doit regretter, en revanche, de n'avoir pas plus de détail sur les procédés de subsistance employés par des conquérans heureux et habiles, tels que Cyrus, Alexandre, Annibal. L'histoire ne nous en transmet aucun. Nulle part seulement nous ne voyons leurs armées arrêtées par des formations de magasins, et par des calculs de subsistance. Sans doute elles vivoient dans les pays où elles faisoient la guerre, et des denrées de ces pays; sans doute elles étoient sobres et endurcies; sans doute aussi avoient-elles des combinaisons de subsistance moins compliquées, moins timides, moins financières que les nôtres. Qu'on songe aux expéditions de ces armées ; qu'on voie Alexandre partant de la Macédoine pour aller conquérir l'Asie ; qu'on suive Annibal partant d'Espagne pour aller porter la guerre à Rome, passant les Pyrénées, traversant les Gaules, ayant à chaque pas des peuples inconnus à se concilier ou à combattre, s'ouvrant ensuite un chemin à travers les Alpes, descendant en Italie, et s'y soutenant neuf ans victorieux, et sans tirer aucun secours de Carthage. Qu'on mette ces campagnes-là en parallèle avec les nôtres ; qu'on transporte ces vastes opérations sur l'échelle actuelle de nos combinaisons militaires, on sera forcé de révoquer l'histoire en doute, ou de convenir du retrécissement de nos génies.

Les guerres des Romains ne nous instruisent pas beaucoup davantage sur les détails de la science des subsistances chez les anciens. On conçoit qu'ils durent être simples et faciles, tant que les armées Romaines eurent affaire aux peuples du *Latium*. Mais quels ils furent, quand Rome entreprit des guerres étrangères et lointaines, voilà ce qu'aucun historien ne nous apprend. Quelques traits, épars çà et là, forment là-dessus toutes nos lumières. Il est quelquefois mention dans Tite-Live, des distributions de vinaigre, de vin et de grains ; on y voit des légions qu'on vouloit punir, condamnées au pain d'orge ; preuve, sans doute, qu'il s'en distribuoit d'une autre espèce au reste de l'armée. On lit dans Végèce, que les préfets du camp, ce qui étoit un office purement militaire, étoient chargés du détail des subsistances. On y lit que les centuries Romaines avoient des moulins à bras, qu'on leur distribuoit du grain en nature. Ailleurs il est dit que, dans les expéditions, chaque soldat portoit sa portion de farine pour quinze jours, et qu'ensuite arrivé au camp, il faisoit, avec cette farine détrempée, une manière de gâteau qui servoit à sa subsistance. Cet usage des moulins à bras et des distributions de grain ou de farine aux troupes, a été proposé plusieurs fois de notre temps, et traité de chimère. Un exemple instructif qu'on doit enfin recueillir de l'étude de la constitution des légions Romaines, dans le temps de leur vigueur, et du résultat de leurs opérations, c'est la tempérance, l'austérité, la patience infatigable qui en étoient la base. De telles troupes savoient s'accommoder à toute espèce de nourriture, et, au besoin, endurer la faim et la soif. Aussi nulle part, dans l'histoire du bel âge militaire de cette nation, on ne voit les opérations arrêtées par des calculs de subsistance. Dans nos histoires modernes, on verra, à chaque pas, les combinaisons de subsistance faire séjourner les armées, et commander aux généraux.

Une autre vérité importante qu'on peut retirer de l'étude des guerres Romaines, vérité dont le résultat contrarie bien nos systêmes de subsistance actuels, c'est que les armées vivoient dans le pays, et aux dépens du pays. *Il faut que la guerre nourrisse la guerre*, disoit Caton dans le Sénat; et cette maxime de Caton étoit, chez les Romains, une maxime d'état. Dès qu'une armée avoit mis le pied chez l'ennemi, c'étoit au général qui la commandoit à la faire subsister ; et celui-là avoit le plus utilement servi la république, qui, en faisant la campagne la plus glorieuse, avoit le mieux entretenu son armée, et rapporté, après la campagne, plus d'argent au trésor public. De-là la solution de cet état de guerre presque continuel, au milieu duquel fleurissoit la république. Elle recevoit de la guerre accroissement et richesse, comme nos États d'aujourd'hui, par la constitution désordonnée de leurs systêmes militaires, en reçoivent affoiblissement et misère. Scipion portoit la guerre en

Afrique ; et bien loin d'épuiser Rome pour nourrir son armée, les greniers de Rome se remplissoient des bleds d'Afrique. César alloit conquérir les Gaules, et Rome n'entendoit plus parler de lui que par le bruit de ses victoires. Non-seulement son armée n'étoit point à charge à l'État, mais il enrichissoit cette armée, il faisoit passer des fonds au trésor public, il en réservoit pour ses vastes desseins ; il embellissoit les Gaules après les avoir soumises ; il y changeoit la face des villes ; il y construisoit des chemins qui sont encore aujourd'hui des monumens ; avec l'or des Gaules, il préparoit des fers à la Germanie, à sa patrie elle-même ; et les Gaules cependant aimoient sa domination. Nous n'avons pas l'art de conduire des guerres ainsi ; mais revenons à celui qui fait l'objet de mes recherches.

J'ai eu tort de dire qu'il n'existe pas un morceau dans l'histoire où il y ait quelques détails suivis sur la manière dont les Romains faisoient subsister leurs armées. J'en retrouve un : c'est le détail de la belle campagne de César en Afrique, contre les lieutenans de Pompée. Ce morceau précieux, mis au jour et restauré par Guischardt, prouve combien leur science de subsistance étoit différente de la nôtre ; combien elle étoit plus simple dans ses moyens, plus hardie dans ses combinaisons, et moins gênante pour les opérations. César descend en Afrique avec quelques légions seulement; il s'y trouve sans vivres, sans magasins, sans places de guerre. Une tempête a dispersé et éloigné la plus grande partie de sa flotte. Les ennemis se rassemblent de toutes parts; il a contre lui les Numides infatigables, et bien autrement harcelans que nos troupes légères actuelles. Il se retranche au bord de la mer; de-là, pied à pied, et conservant toujours sa communication avec ce premier entrepôt, il s'avance dans le pays, y établit des postes par échelons, s'empare de la ville d'*Adrumettum*, en fait un second entrepôt, y forme des magasins, puis, ayant reçu des renforts, abandonne sa première position, en prend une seconde plus offensive, fait des détachemens et des établissemens plus audacieux, et enfin, toujours harcelé et toujours vainqueur, se soutient, est joint par toutes ses forces, les déploie alors, bat les lieutenans de Pompée, dissipe leur armée, pacifie l'Afrique, et termine ainsi la campagne la plus glorieuse et la plus périlleuse qu'il ait faite.

César descendoit avec une armée en Afrique, et il n'y portoit ni vivres, ni attirails : en cela il se conduisoit en grand homme et non en aventurier ; il calculoit qu'il descendoit dans un pays abondant, peuplé, rempli de villes ouvertes ou foiblement fortifiées ; que, dans de tels pays, une armée peu nombreuse et bien conduite trouve toujours à vivre, ne fût-ce que des denrées que la prudence fait tenir en réserve aux bouches qui l'habitent. Il calculoit qu'en faisant de longs préparatifs sur la côte d'Italie, il donnoit le temps à l'Afrique de se rassembler, et de venir lui disputer le débarquement; que les dispositions lointaines veulent être imprévues, hardies, rapides ; et que, lorsqu'aux yeux du vulgaire elles paroissent hasardées, l'homme de génie qui les dirige, les soutient pour les plus certaines. J'aurai occasion de revenir sur cela par la suite.

Ces temps de décadence qui minèrent l'empire Romain, et les siècles de barbarie qui suivirent sa chute, n'offrent rien d'instructif sur aucune branche de la guerre. Jusqu'à l'époque de Nassau et de Gustave, les armées se battirent sans combinaison, et subsistèrent à-peu-près de même. Les campagnes étoient des espèces d'incursions. On se répandoit dans le pays ; on marchoit par corps, et en cantonnant. Si l'on se rassembloit, c'étoit pour quelques jours seulement, et afin de livrer le combat. Le pays subvenoit, comme il pouvoit, à la subsistance des gens de guerre, et il n'y pouvoit pas fournir long-temps, à cause de l'extrême indiscipline qui régnoit parmi eux.

Sous Nassau et sous Gustave, un nouvel ordre naquit dans les armées; les troupes apprirent à camper, à marcher, à combattre. Avec l'austère discipline que ces grands hommes établirent, il fallut d'autres procédés de subsistances. Les armées, rassemblées dans des camps, eurent besoin de magasins. Gustave faisoit faire des distributions journalières de pain et de viande à ses soldats. Dans les opérations forcées, elles savoient vivre plus sobrement. Il les avoit élevées à se nourrir de tout, et à jeûner sans murmure. Cet esprit subsista encore long-temps après lui dans les troupes Suédoises. Les nouvelles méthodes de subsistances n'entravoient point les opérations de Gustave et des généraux habiles qui lui succédèrent. Alors les armées étoient peu nombreuses; elles ne traînoient pas à leur suite une énorme quantité d'artillerie et d'équipages. Le luxe n'avoit pas énervé les mœurs et augmenté les besoins. Avec ces petites armées on pouvoit faire de grandes conquêtes. Les généraux faisoient eux-mêmes l'office de munitionnaires. Le duc de Rohan, dans son *parfait Capitaine*, en détaille les fonctions.

Il s'élève contre quelques-uns qui avoient proposé de confier ces détails à des personnes non militaires ; comme si, disoit-il, pourvoir à ce que l'armée vive, ne faisoit pas partie de l'art de la conduire.

Ce fut sous la fin du règne de Louis XIII et sous Louis XIV que, les armées françoises s'organisant avec plus de perfection, les subsistances commencèrent à y être délivrées régulièrement aux troupes. Les détails des subsistances cessèrent en même temps d'être dans les mains des militaires. Si les généraux eurent la mal-adresse de s'estimer heureux d'en être débarrassés, les ministres les virent, sans doute avec plaisir, entrer dans leur département; parce que cela leur assujétit, en quelque sorte, les opérations et les généraux.

Les subsistances de nos armées ont été depuis, tour à tour, administrées par entreprise et par régie. M. de Louvois fut le premier ministre qui commença à donner de l'extension et de l'importance à cette branche de détails, jusques-là regardée comme très-subalterne. Elle le devenoit moins en effet par le changement qui s'étoit fait dans le systême de guerre, par l'augmentation prodigieuse des armées et de leurs attirails, par l'espèce de la plupart des campagnes qui se passoient toutes en siéges.

J'ai dit ailleurs comment dès-lors il ne se fit presque plus, de part et d'autre, ce que j'appelle la guerre. La science parut consister à opposer place à place, magasin à magasin. L'amas des approvisionnemens, précaution sage quand elle a ses bornes, étoit dégénéré en manie chez M. de Louvois. Il en avoit sur toutes les frontières. Il prétendoit par-là tenir dans sa main tous les moyens des opérations, et décider les plans de campagne. Il les décidoit en effet. Ses adulateurs l'appeloient le général des généraux. Je ne prétends pas dire que M. de Louvois n'eût du génie, qu'il n'ait rendu de grands services aux armes de Louis XIV; mais pour quelques succès passagers auxquels contribuèrent, pendant sa vie, sa prépondérance de génie, et sa supériorité à manier le nouveau système de guerre, sur les cabinets des autres puissances, il occasionna par la suite de grands maux. Il trompa Louis XIV sur sa puissance réelle; il introduisit un genre de guerre désastreux pour la population et pour les finances; il augmenta les armées, les dépenses; et, n'ayant pas sur cela des moyens supérieurs au reste de l'Europe, il n'y gagna rien; il força seulement les autres princes à se liguer contre Louis XIV, et à ruiner leurs états comme lui.

Après la mort de M. de Louvois, Louis XIV eut de mauvais ministres, et des généraux plus mauvais encore. Cependant la routine étoit prise et adoptée par toute l'Europe; il n'étoit plus possible d'y rien changer. Obligée de faire face par-tout, la France se trouva accablée sous une défensive malheureuse. Il est inoui, ce que les nouveaux systêmes de subsistances, introduits par M. de Louvois, coûtèrent alors de millions au royaume. Il n'y avoit pas de bataille perdue, ou de ville prise, qui n'entraînât des pertes de magasins immenses. Les malheurs accessoires devenoient plus destructifs que le malheur principal. Hochstett fit perdre pour quarante millions de magasins établis, par échelons, depuis nos frontières jusqu'au Danube. A Turin, on abandonna, devant la place, et dans le reste du Piémont, une quantité prodigieuse d'attirails et d'approvisionnemens. Chamillard avoit triplé les moyens, comptant assurer par-là des succès à la Feuillade, son gendre. A cela on ne peut pas objecter que ces magasins étoient formés aux dépens de l'ennemi; ils l'étoient aux frais de la France. Presque toute la partie de l'Allemagne, où nous faisions la guerre, étoit notre alliée; et les achats, qu'y faisoit le Roi, s'y payoient comptant. En Piémont, des ménagemens pour la duchesse de Bourgogne faisoient payer, sous main, les livraisons qu'on demandoit hautement au pays à titre de contributions. Le royaume étoit obéré de dettes; toutes les fournitures de subsistances se faisoient par entreprises; les marchés des entrepreneurs augmentoient toutes les campagnes. C'étoit l'usure qui vendoit ses services à la nécessité.

Notre systême de subsistances ne s'est point amélioré depuis la guerre de 1700; il est devenu de plus en plus financier et ruineux. Le désordre des finances et la routine ont toujours fait recourir aux entreprises. Rendons justice, au milieu de tout cela, à la compagnie qui, pendant les deux dernières guerres, a été chargée de la fourniture du pain dans nos armées. Cette compagnie citoyenne a servi avec honneur; elle a quelquefois perdu sans murmurer, et n'a jamais gagné avec excès. J'ai suivi l'appurement de ses comptes de la dernière guerre : son gain, proportionné à ses avances, à l'incertitude du payement, aux non-valeurs des effets royaux qu'elle a remboursés, n'a été qu'un gain légitime. Malheureusement cette compagnie n'a pas été chargée de toutes les branches d'entreprises relatives aux troupes. Aussi qu'on se rappelle particulièrement les horreurs de la campagne de

1757 ; le brigandage étoit au comble ; les hôpitaux étoient des charniers (1). Je m'arrête ; je ne veux pas souiller ma plume à faire le recensement des crimes.

On semble encore mettre en problême aujourd'hui, s'il vaut mieux administrer la subsistance des armées par régie ou par entreprise. C'est être incertain si l'administration des pays d'état est plus avantageuse que l'administration financière ; c'est mettre en doute s'il vaut mieux affermer son champ que de le cultiver soi-même.

Tout marché par entreprise fait nécessairement supposer à la société qui contracte (ou cette société est une compagnie de dupes) la convention tacite de gagner sur le marché, et la sûreté calculée de ce gain. Il se pourra que, par des malheurs extraordinaires, suivis de beaucoup de désintéressement, la société gagne peu ; mais pour cette chance unique, il y en a mille qui porteront le gain au-delà des espérances supputées. Toute entreprise, calculée et conduite par des gens de tête, doit

(1) Ce seroit un ouvrage bien intéressant pour l'humanité, que celui qui traiteroit du meilleur plan d'administration pour les hôpitaux d'une armée, et de la meilleure police à y observer.

donc leur prospérer. Leurs gains seront moins considérables, en raison de ce qu'ils seront moins avides, plus honnêtes, plus exacts dans leurs fournitures, en raison de ce qu'ils se rapprocheront le plus des principes de la compagnie dont j'ai parlé ci-dessus. Mais si ces associations d'entrepreneurs sont mal composées, alors les gains deviennent illicites et immenses ; alors s'ensuivent les fournitures de mauvais aloi, les déprédations, les pertes supposées ou exagérées aux dépens du Roi, les faux procès-verbaux, etc. Alors accourent de toute part, attirés par l'appât de la fortune, le protégé, l'intrigant, l'usurier ; ils se réunissent, ils pénètrent dans les bureaux et dans les anti-chambres de la cour ; ils proposent des parts, des intérêts : ils trouvent des appuis. Tant de gens sont avides dans un siècle de luxe et d'intrigues ! Le ministre est séduit par l'offre d'un marché à plus bas prix, il consent. Cette entreprise se sous-ferme, passe en deux ou trois mains, et finit enfin par tomber dans celles d'un homme qui, pour ne pas se ruiner, pour suffire à toutes les rétributions qu'on lui a imposées, est forcé de mal remplir le service dont il est chargé.

Frappé de la vérité de ce qu'on vient d'exposer, quand il n'y auroit pas d'autres raisons qu'on donnera ci-après, un gouvernement éclairé devroit donc s'abstenir de toute sorte de marchés par entreprise. Il le devroit, afin de faire, pour l'Etat, le profit que les entrepreneurs font pour eux-mêmes; afin d'ôter à ses alentours toute tentation de corruption; afin d'éviter au public l'éclat de ces fortunes indécentes, élevées par la voie des entreprises; afin d'empêcher la gangrène que l'exemple de ces fortunes apporte aux mœurs publiques. Un dilemme sûr devroit être, à cet égard, la base de la conduite du gouvernement. Si la société qui se propose pour une entreprise est composée de gens de probité et de lumières, il n'y a qu'à l'établir administratrice de l'objet en question pour le compte de l'Etat; il n'y a qu'à en encourager les membres par le juste salaire de leur travail, par des distinctions flatteuses, par les ressources de l'honneur qui, bien employées, remuent plus les hommes de ce genre, que l'intérêt. Si la société qui s'offre est composée de gens douteux et inconnus, il faut la rejeter; il y a presque toujours à perdre avec des gens suspects, et rarement à gagner avec des gens qui n'ont pas été mis à l'épreuve.

Mais, dira-t-on, il y a des maux inévitables. Toutes les nations de l'Europe font des marchés par entreprises pour différens objets de leur administration. Qu'on lise les journaux du parlement d'Angleterre, on verra combien les subsistances de l'armée du prince Ferdinand ont coûté aux Anglois, pendant la dernière guerre. Tout s'y faisoit à prix d'or, et avec des déprédations inouies. Les Autrichiens avoient, la guerre dernière, des entrepreneurs. Le roi de Prusse lui-même a souvent eu recours à cette voie.

Mais que nous fait l'exèmple de nos voisins? Quand ils font bien, imitons-les; lorsqu'ils font mal, fermons les yeux sur eux, et cherchons le mieux où il peut être. On cite le roi de Prusse: d'abord il est faux que ses vivres en général aient jamais été administrés par entreprise. C'étoit un directoire de guerre divisé en plusieurs commissariats, qui en avoit l'administration. A l'armée, c'étoit un de ces commissariats qui avoit la direction de la boulangerie. En Saxe, ses magasins étoient formés aux dépens du pays, et par les soins du pays même. Quand ses troupes y étoient en quartier, c'étoit le pays qui leur fournissoit les subsistances. Les états de consommation, visés par les généraux commandant les arrondissemens, et par le commissariat, étoient ensuite envoyés au grand directoire, établi à Torgau, ou à Leipsick, pour qu'on fît la déduction des denrées consommées sur la quantité des impositions demandées au pays. Au moyen de cette administration, point d'employés, point de frais de magasins, point de déchets, point de non-valeurs; les magasins appartenoient au pays, tant qu'ils n'étoient pas consommés. Le roi de Prusse a eu quelquefois affaire à des entrepreneurs; mais je vais dire en quelle occasion. Il auroit été question de former, dans des circonstances extraordinaires et pressantes, un dépôt d'approvisionnemens, à Custrin, à Breslau ou ailleurs. Il auroit toléré qu'on donnât à un particulier, ou à une société, l'entreprise de cette fourniture. Ces sortes d'entreprises passagères pour des quantités déterminées, ne sont jamais ruineuses pour un gouvernement, et le roi de Prusse calculoit trop le prix des ressources pour s'ôter celle-là. Il faisoit des agiots considérables avec Ephraïm et d'autres Juifs; mais ces agiots étoient relatifs à des opérations de monnoies; il est d'ailleurs lui-même l'entrepreneur et le régisseur de toutes les fournitures ou dépenses qui ont rapport à son militaire; et c'est cette sage méthode qui multiplie si universellement ses ressources. Je me suis engagé dans ce détail parce que l'exemple du roi de Prusse, cité mal-à-propos par les fauteurs des entreprises, étoit une autorité nécessaire à détruire.

Mais pour régir les subsistances au compte de l'État, il faut que l'État ait de l'argent ou du crédit. Sans la ressource des entreprises, comment eussent vécu nos armées? A une régie il faut des fonds journaliers et considérables. Les achats des grains, les formations des équipages, les gages des employés, la manutention quotidienne, tout cela ne se paye point avec des effets royaux. Le gouvernement, éclairé sur l'abus des entreprises, a cessé d'employer, à la paix, la compagnie des vivres la plus irréprochable et la plus solide qui ait jamais existé. Il régit maintenant les vivres, et au compte du Roi; il les a régis, et avec succès, dans la dernière expédition de Corse. Les dépenses de cette régie, qu'en France on croit exorbitantes, parce qu'elles regardoient une expédition qui n'avoit pas le suffrage public, n'ont été, pendant les deux campagnes, qu'à environ six millions. Mais à la première grande guerre que la France aura à soutenir, quand il faudra nourrir une armée de cent mille hommes, hors du royaume, comment fera le ministère? Où prendra-t-il des fonds? Empruntera-t-il au nom du roi? Toutes les bourses qui s'ouvrent au nom d'un particulier connu, se ferment à ce nom sacré. Cependant il faudra nourrir cette armée. On sera forcé de revenir aux entreprises. On priera la compagnie qu'on a remerciée, de reprendre l'administration : elle s'en défendra, elle mettra en avant la destruction de son crédit ; l'impossibilité de le faire renaître, par l'atteinte qu'on a portée à son existence que le public croyoit éternelle ; la dispersion de ses membres ; celle de ses employés : on insistera, elle obéira ; et l'on s'estimera fort heureux de pouvoir passer avec elle un marché plus cher que l'ancien, et un marché à perpétuité.

Quelque certain qu'il soit qu'une régie bien administrée seroit plus avantageuse à l'État, qu'une entreprise quelque honnêtement conduite qu'elle puisse être, on sera donc contraint de se servir de cette dernière voie. Pour que cela ne fût pas, il auroit fallu, à la paix, en détruisant la compagnie des vivres, avoir calculé les moyens de la remplacer. Il auroit fallu, en même temps qu'on l'a détruite, assigner des fonds annuels, et plus que suffisans, aux dépenses de la fourniture des troupes, afin de former de cet excédent des réserves pour le temps de la guerre, et pour rembourser des emprunts par annuités, qu'on auroit faits alors sur la caisse de la régie. Il auroit fallu jeter à l'avance sur tous les points les fondemens de cette nouvelle administration ; chercher, dans les débris de la compagnie, les sujets les plus capables, afin de les y attacher ; méditer comment, en tirant de cette régie le plus grand parti possible, on créeroit à la première guerre, un nouveau systême de subsistances, moins compliqué et plus subordonné aux opérations militaires. Il existoit dans cette compagnie des hommes laborieux et éclairés, qui, revenus peu-à-peu de la routine de M. Duvernay, eussent senti le but du ministère, et étendu les progrès de leur art. Il en existe un (1), sous les yeux du ministère, qui ne sait pas ce que j'écris, et qui auroit pu conduire cette révolution, parce que je crois qu'il en sent la nécessité.

On s'est assoupi sur cet objet important, et quand on voudra sortir de cet assoupissement, il sera trop tard. La guerre nous menace, l'argent nous manque, dix objets plus pressans occuperont à la fois le ministère. Il

(1) M. de l'Isle, ci-devant munitionnaire général des armées en Allemagne, chargé depuis de la régie des vivres, pendant l'expédition de Corse, et maintenant à la tête des bureaux d'administration qui ont été établis pour les affaires de cette île.

en est à-peu-près d'un État comme d'un particulier, et l'on peut appliquer à l'un, comme à l'autre, ce vieux proverbe : *richesse fait richesse.* Un État est-il riche, et sur-tout bien ordonné ? Il peut améliorer sa constitution, il peut exécuter des projets utiles. Est-il à un certain point de désordre et de ruine ? Tout augmente sa triste situation : on ne peut presque point y proposer de changement qui soit bon, ou du moins qui soit facile. On le peut bien moins encore, si, pour dernier malheur, on n'y a point de plan de régénération; si tous les départemens des ministres s'y croisent et s'y nuisent; s'ils n'ont pas la ressource de venir se raccorder à la volonté générale du souverain; si tel y est, en un mot, le nombre et l'entrelacement des abus, qu'on ait abandonné le mal à ses progrès. Cette réflexion m'a un peu éloigné du but. Il est impossible qu'en réfléchissant sur un objet les idées ne se ramifient pas.

Mais ce n'est encore rien, que les inconvéniens pécuniaires attachés à notre système de subsistances : il faut voir comment ce système contrarie les opérations de nos armées. Ce dernier désavantage, au reste, ne tient pas seulement à la mal-adresse de nos méthodes de subsistance, il tient à la constitution de nos troupes, à nos mœurs, aux idées reçues parmi nos généraux. Tous ces objets sont liés ensemble par des rapports dont il va être intéressant de démêler l'enchaînement et les abus.

Depuis qu'en France les détails de subsistance des armées ne sont plus entre les mains des militaires, et qu'ils forment, en quelque sorte, une branche particulière de connoissances, les militaires ne les étudient pas. A peine nommeroit-on dix officiers qui connussent les ouvrages qui en traitent. Pourquoi les étudier, dit-on? N'y a-t-il pas des munitionnaires? D'un autre côté, ces derniers, flattés en secret de se voir initiés aux mystères des opérations, et les faisant, à quelques égards, dépendre d'eux, ne manquent pas de jeter des ténèbres sur tous ces détails. La pratique et la combinaison de ces détails composent sans doute une science; mais ils en exagèrent l'importance et la difficulté, ils la surchargent de calculs. Ils s'environnent d'écritures. Tout cet appareil en impose aux hommes qui ne percent pas la surface des choses.

Un officier général cependant arrive au commandement des armées. Il croit ce qu'il n'a pas étudié, un labyrinthe. Il demande au munitionnaire des résultats relatifs aux opérations qu'il médite; mais dans le fond, celui-ci restant maître des détails, y étant seul initié, demeure despotique dans sa partie. Il demande à la cour la moitié plus d'équipages de vivres qu'il n'en faudroit, afin de mieux assurer son service. Peu lui importe que cette multiplicité d'attirails double les embarras et appesantisse l'armée (1). Il multiplie à chaque pas les magasins, les établissemens. Tous ces établissemens ne se font pas aux frais de la compagnie ; s'ils sont pris, c'est au compte du roi; s'ils ne le sont pas, il a des précautions sur tous les points, il ne peut être fait par l'armée aucun mouvement qui le prenne au dépourvu, et c'est ce qu'on appelle alors un service brillant,

(1) Dans les différens marchés d'entreprise que le gouvernement a passés avec des compagnies de vivres, l'achat des attirails et équipages a toujours été au compte du roi. Il en a été de même des pertes de magasins, des enlevemens de convois, des déchets, ou accidens des matières brutes ou employées, quand ces déchets ont été occasionnés par les marches de l'armée. Cela posé, il faut que les compagnies soient bien mal administrées, si elles ne font pas des gains considérables; et l'on voit ce que le roi gagneroit à faire la fourniture entière des subsistances à son compte, puisqu'il a déjà à sa charge toutes les dépenses de formations d'équipages et d'établissemens, de non-valeurs, d'accidens et de déchets.

et que le général comble d'éloges. Ici il supposera des difficultés afin de se donner le mérite de les vaincre. Là, il fera pencher le général vers une opération dont le résultat sera commode et avantageux à ses propres dispositions. Presque toujours, faute de calculer l'ensemble des opérations, faute, à cet égard, de lumières qu'il ne peut pas avoir, il regardera ses vivres comme le principal, et ils ne sont que l'accessoire.

Comment le munitionnaire, au reste, pourroit-il calculer comme le général? 1°. Il est simple qu'il n'en ait pas les talens, et que par conséquent, le général et lui n'aient pas les mêmes idées. 2°. Ses succès sont indépendans de ceux du général. La campagne peut fort bien avoir été manquée, et le service du munitionnaire très-exact. Il y aura mieux même: plus les opérations de la campagne auront été timides, moins on aura agi, et plus le service du munitionnaire aura été assuré; plus les troupes, qui ne jugent du mérite d'un munitionnaire que par l'exactitude des distributions et la bonne qualité du pain, lui donneront de louanges. Où seroit, dans le fait, le mérite plus réel du munitionnaire? Ce seroit à tirer d'un pays le plus grand parti possible; à se prêter à plusieurs marches forcées et consécutives; à des changemens de direction imprévus; à des formations d'établissement rapides: or toutes ces circonstances, combinées dans le cabinet d'un général, sont ignorées des troupes. Pour atteindre à l'exécution d'un projet du général, le munitionnaire s'écartera de sa routine, vaincra de grandes difficultés, tirera parti des moyens du pays, parviendra à donner demi-ration dans une circonstance où le général devroit craindre de manquer absolument, ne pourra peut-être, par des accidens qu'il n'a pu garantir, se dispenser de faire des fournitures tant soit peu altérées, changera l'espèce de nourriture, et de manière ou d'autre nourrira les troupes. Les troupes, qui ignorent l'objet du général, le mérite des difficultés vaincues, la peine qu'on aura eue à leur procurer le peu qu'on leur donne, ne sentiront que le besoin qu'elles éprouvent, et se plaindront peut-être. Le munitionnaire cependant aura servi avec distinction aux yeux du général et des gens qui calculent.

Dans les inconvéniens que j'ai dit ci-dessus devoir résulter du défaut d'accord presque inévitable entre les combinaisons des généraux et celles des munitionnaires, je n'ai encore parlé que du munitionnaire aveuglément borné par la routine de son art, et ne secondant point le général, par l'incapacité où il est d'appercevoir l'ensemble de la chose, et la subordination que les combinaisonsaccessoires doivent à la combinaison principale. Ce munitionnaire peut avoir bien d'autres défauts qui nuiront plus essentiellement au service. Il peut vouloir traverser les opérations par des raisons d'intrigue, ou d'intérêt particulier. Il peut, ce qui seroit pis, être éclairé et de mauvaise volonté à la fois. Il peut, étant éclairé et de bonne volonté, n'avoir pas la confiance intime du général. Alors, n'étant pas mis assez tôt dans son secret, ses mesures intérieures ne concourront pas à l'exécution des projets du général; alors il se trouvera involontairement en retard, ou en défaut, quand le général s'ouvrira à lui. Éclairé, de bonne volonté, et ayant la confiance du général, il peut enfin n'être pas assez discret dans ses propos ou dans ses mesures préparatoires, et alors trahir, en tout ou en partie, le secret des opérations.

Il m'a fallu, pour faire le tableau de tous ces inconvéniens, ne supposer, ni un général excellent, ni un excellent munitionnaire. Des hommes pareils sont rares, et ils ne m'auroient laissé rien à dire. En les supposant l'un et l'autre d'une classe inférieure, j'ai peint les hommes et les inconvéniens que le cours des choses doit communément offrir.

On voit où je tends : c'est à regretter que nous ayons séparé la science des subsistances de la science de la guerre ; qu'elle ne fasse pas un des objets de notre étude ; que nous en ayons abandonné les détails à des mains étrangères. Si les vivres étoient administrés au compte du roi, pourquoi le général ne seroit-il pas lui-même le munitionnaire de son armée ? Nourrir l'armée, est-il donc un objet moins important, moins lié aux opérations, que celui de camper, et de la faire marcher ? Le général a, pour ces derniers détails, un maréchal-général des logis. Un officier-général, habile et de confiance, pourroit de même être chargé par lui des détails des vivres. Cet officier-général travailleroit dans son cabinet ; il auroit, sous lui, les employés nécessaires, enfin une administration montée, mais avec le moins de frais et d'appareil possible. Je donnerai, dans mon grand ouvrage, un plan de cette nouvelle administration, développée et comparée à celle qui a eu lieu jusqu'à présent dans nos armées.

Mais, pour mettre ainsi l'administration des vivres entre les mains des militaires, il faut que les militaires s'instruisent. Les détails des subsistances ne peuvent pas être maniés par des personnes qui n'en aient, ni la théorie, ni l'habitude. Il existe des sources, dans lesquelles on peut en puiser la connoissance. Il y a un traité général des subsistances, par M. Dupré d'Aulnay, commissaire des guerres. On trouve dans cet ouvrage des détails exacts, quelques vues excellentes (1) : mais cet ouvrage n'étant point fait par un militaire, la relation de la

(1) Il faut y lire particulièrement les chapitres où il propose de substituer à l'usage des fours massifs et immobiles, des fours portatifs et roulans, les raisons qu'il donne pour appuyer ce changement, le détail de ces nouveaux fours, leurs avantages constatés par les épreuves qu'il a fait faire, les motifs secrets qui les ont fait jusqu'ici rejeter par les entrepreneurs. Il est bien étrange qu'un abus aussi clairement démontré continue d'exister. Il ne l'est pas seulement dans l'ouvrage de M. Dupré d'Aulnay, il l'est par l'expérience qu'en font les armées étrangères. La boulangerie du roi de Prusse, celle du prince Ferdinand ne se servoient presque jamais que de fours portatifs : j'ai vu ces derniers. Ceux que propose M. Dupré d'Aulnay sont d'une forme plus légère, plus simple et plus avantageuse. Ils pourroient peut-être encore être perfectionnés. Enfin l'usage de ces fours, adopté par les boulangeries de campagne, n'empêcheroit pas qu'on ne se servît dans l'occasion, des fours massifs qu'on trouveroit dans le pays. Pourquoi n'auroit-on pas aussi dans les armées, des moulins à bras? M. Dupré le propose. Montécuculli l'avoit proposé avant lui. Que notre science des subsistances est imparfaite! Qu'elle est loin du but!

science des subsistances avec la tactique, n'y est ni approfondie, ni même apperçue. C'est la routine de M. Duverney, commentée et un peu perfectionnée. Je connois des manuscrits sur les subsistances, laissés par M. Dumouriés, commissaire des guerres. Ces manuscrits intéressans, parce que l'auteur étoit un homme d'esprit, et avoit été employé dans les armées, décèlent la plus grande partie des abus de détail, qui existent dans l'administration des subsistances et des hôpitaux. Il y a enfin un manuscrit très-complet sur les subsistances, fait par M. Delisle. Cet ouvrage tout moderne, entrepris pour l'instruction du fils aîné de M. le maréchal de Broglie, est un morceau précieux, par l'ordre des détails et la sagacité des vues qui le remplissent (1).

(1) L'auteur y voit tous les inconvéniens qui résultent du défaut d'accord des combinaisons des généraux avec celles des munitionnaires. Il insiste sur la nécessité de cette connexion, et de-là sur la confiance entière qui doit exister de la part du général vis-à-vis du munitionnaire. Il sent combien il est important que, dans les occasions extraordinaires, le munitionnaire s'écarte de ses méthodes de routine et de précision. Sans doute, mieux qu'un autre, il trouveroit les moyens d'y suppléer, de perfectionner notre système des subsistances, et de le subordonner davantage aux opérations des géné-

De tous ces matériaux, il seroit bien important qu'un officier, consommé dans la grande manutention des armées, voulût résumer un ouvrage de tactique, à l'usage du militaire. Quand je dis *résumer*, ce n'est pas le mot; car, à beaucoup d'égards, il faudroit s'écarter des calculs admis dans ces ouvrages, pour établir un nouveau systême de subsistances, qui n'eût pas la complication et les défauts de celui que nous avons pratiqué jusqu'ici.

Sur la science des subsistances, comme sur toutes les branches de l'art militaire, il faudroit enfin qu'il y eût, en temps de paix, une école bien dirigée. Là, s'essaieroient, se compareroient, se perfectionneroient les différentes méthodes pratiquées, tant chez nous que chez les étrangers. Là, pourroient s'imaginer des moyens de simplifier les détails d'emmagasinement, de fabrications, de transports, de comptabilité, etc. Là, des officiers

raux. Mais, pour cela, il faudroit qu'il fût régisseur des subsistances, et non membre d'une société d'entreprise. Car il est bien différent de travailler pour sa gloire personnelle ou pour les intérêts d'une compagnie; il l'est bien d'opérer d'après des idées à soi, ou de se traîner avec les entraves de la routine et d'un plan arrêté entre sa compagnie et soi.

choisis se familiariseroient avec la connoissance et l'inspection de ces détails, comme dans l'école d'état-major, ils s'accoutumeroient aux détails des marches et des reconnoissances. De cette école, en un mot, résulteroit l'avantage infini de réunir à la science de la guerre, une branche qui n'auroit jamais dû en être séparée.

J'ai démontré comment le défaut de rapport entre les combinaisons des généraux et celles des munitionnaires, nuisoit aux opérations. Je vais maintenant examiner combien d'autres vices rendent notre système de subsistances dispendieux, routinier, et contraire à tous les principes de la guerre.

Nos équipages de vivres sont presque toujours trop nombreux. Il n'en faut pas faire un crime aux munitionnaires qui, pour l'ordinaire, aveuglément crus dans leur partie, en réglent la formation. Ils les demandent nombreux, pour assurer le succès de leur service: ils sont forcés à les demander tels, parce que, dans nos armées, on ne sait pas tirer de ressocures des pays où l'on fait la guerre; parce qu'on n'y est, ni sobre, ni patient; parce qu'on y murmure, si la distribution est retardée de quelques heures, si le pain n'y est pas toujours de la meilleure qualité; parce qu'on y murmureroit bien plus, si l'on en manquoit un seul jour, ou si l'espèce de la nourriture étoit changée. Dans le cas que les munitionnaires n'eussent, pour leur service, que les moyens strictement nécessaires, la plupart des généraux, sans calculer ces moyens, leur demanderoient des résultats qui y seroient disproportionnés, et ne sauroient, ni se prêter à leur situation, ni augmenter leurs moyens en mettant à profit les ressources du pays, ni changer l'esprit des troupes. Mais qu'à la première guerre, un bon général soit lui-même régisseur de ses subsistances, ou qu'il ait avec lui un habile régisseur, ils sentiront que tout ce qui allège une armée, la rend plus maniable, plus aisée à faire subsister, plus propre à de grandes opérations. Ils trouveront ensemble cette juste proportion qui doit régler la formation des équipages des vivres, cette proportion avec laquelle on peut atteindre à nourrir l'armée, et en même temps ne la pas surcharger. Ils supputeront que, par-delà cette proportion qui doit être relative aux opérations simples et journalières, les moyens des opérations extraordinaires doivent se trouver dans l'industrie, dans les ressources du pays, dans l'esprit de sobriété et de patience qu'il faut donner aux troupes. Attentifs même à diminuer cette proportion le plus qu'ils pourront, ils la calculeront toujours relativement au pays où doit être le théâtre de la guerre. Il faut certainement des équipages de vivres moins nombreux pour faire la guerre en Flandre, dans un pays couvert de places et de chaussées, que pour la faire en Allemagne, où il y a peu de points d'entrepôt, où les chemins ne sont presque tous que des sentiers tracés dans les terres. Ainsi il faudroit des équipages bien moins nombreux dans le Palatinat, pays qui abonde en denrées, en voitures et en habitans, que dans ces déserts de l'Ukraine, qui furent le tombeau de l'armée de Charles XII. On voit que le premier principe de ce qui est, dans mes idées, la science des subsistances, est de diminuer les attirails, et de remplir le plus d'objets avec le moins de moyens possibles.

Mais c'est dans la formation de nos magasins qu'il existe des abus bien préjudiciables. Cette partie, absolument indépendante du général, est entre les mains des entrepreneurs; et force est, justice même, qu'en pensant le plus honnêtement possible, ils se conduisent suivant leurs plus grands intérêts. C'est sur l'achat des matières, fait à propos, que les entrepreneurs ont leur gain assuré. Sur tout le reste de la manutention, quand ils servent bien, il y a aussi souvent à perdre qu'à gagner. Or le bon prix des achats est donc, comme on peut se l'imaginer, le but principal de toutes leurs combinaisons. Ils achètent dans les bonnes saisons; ils ont leurs magasins d'évidence et leurs magasins secrets : ils ont leurs courtiers, leurs agioteurs : ils arrhent les denrées sous main et à l'avance dans les pays voisins du théâtre de la guerre, et par-là trahissent quelquefois le secret des opérations. On me dira que ces achats, ou arrhemens feints à propos, peuvent devenir une ruse contre l'ennemi. J'en conviens; mais dans la main du général, ce moyen existera tout de même, et il ne sera employé que quand il le jugera utile à ses projets. Jusques-là le mal n'est pas encore grand : c'est à l'emplacement des matières que les inconvéniens deviennent dangereux. On juge bien qu'à moins que le général ne sache et ne veuille entrer dans ce détail, ces emplacemens sont déterminés à la volonté des entrepreneurs, et que les entrepreneurs les déterminent le plus souvent relativement aux spéculations bornées et exclusives de leur art. Souvent ces matières se trouvent placées dans des points peu militaires, ou sans relation avec les opérations. Presque toujours ces matières, trop dispersées, forment une infinité de petits magasins, dont chacun a sa garde, ses employés, ses déchets, ses accidens de guerre ou autres. Souvent tels magasins se trouvent engorgés de matières, et alors l'entrepreneur penche vers le parti qui lui en procure la consommation. Quelquefois de même il résiste à un parti qui attireroit trop de consommation sur un point où les matières lui manquent, et où il n'en pourroit rassembler qu'en les achetant à haut prix. D'autres fois des magasins trop pleins, parce qu'on s'est hâté d'acheter à des prix favorables; ou des magasins qu'on veut vider, parce que les spéculations apprennent qu'on est au moment de faire de bons achats, exigent que les entrepreneurs fassent consommer; alors on se garde bien de faire vivre l'armée aux dépens des contributions exigibles du pays; on trouve des difficultés à ce système; on gagne du temps, et les denrées de l'entreprise se consomment. De ce dédale inconnu, et que je viens de parcourir un moment, émanent, pour l'ordinaire, toutes les combinaisons de subsistances que les entrepreneurs mettent en avant dans le cabinet des généraux. Quand il est question de supputer les moyens de telle ou telle opération, le général s'apperçoit bien d'une résistance ou d'une inclinaison secrette, mais il n'en démêle pas la cause, de grands calculs lui font illusion; communément il n'est, ni assez ferme pour résister, ni assez éclairé pour fournir des moyens; son projet ne s'exécute pas, et il se trouve que, loin de commander aux subsistances, ce sont les subsistances qui ont commandé aux opérations. Je le répète, je n'ai personne en vue; si je peins des abus qui n'ont pas existé, ce sont des abus qu'on peut craindre.

Si un général régissoit lui-même ses subsistances, ou qu'il eût sous lui un régisseur habile, et qui partît avec lui du même systême, ils combineroient ensemble le moment des achats, l'espèce et la quantité des matières à se procurer, les lieux où se doivent faire les achats, ceux où il faut les déposer, etc. Une infinité de vues économiques ou militaires doivent influer sur ces objets étrangers à la guerre en apparence. Le moment des achats n'est indifférent, ni relativement au prix des matières, ni relativement aux indices que l'ennemi peut en tirer. L'espèce et la qualité des matières le sont encore moins, puisqu'elles doivent être combinées sur l'emploi qu'on en doit faire. Il en est ainsi de l'emplacement des magasins, il faut les asseoir relativement aux opérations prochaines ou éloignées qu'on médite, relativement aux opérations extraordinaires auxquelles on peut être forcé. Le choix de ces emplacemens peut donner l'éveil, ou le change à l'ennemi. Les circonstances doivent quelquefois aussi déterminer à faire des approvisionnemens dans un pays plutôt que dans un autre. Si l'on peut faire ces achats dans son propre pays, et que cela ne nuise d'ailleurs à aucune vue militaire, il faut le préférer, trouvât-on à acheter les mêmes matières à meilleur compte chez l'étranger (1). Si l'on est sur la défensive, on épuise les pays qui sont entre l'ennemi et soi : si l'on est sur l'offensive, on les ménage. Dans tous les cas, on ménage, autant qu'il se peut, le pays qui est

(1) On cite, avec raison, ce trait de prévoyance de M. de Louvois qui, dans les préparatifs de la guerre de 1672, fit faire secrètement tous les achats en Hollande, et mit par-là les Hollandois au dépourvu, quand ils voulurent former des magasins à leur tour; mais pour cette occasion, et quelques autres encore, où il est avantageux d'acheter chez l'étranger, il l'est presque toujours de consommer les denrées de son propre pays. C'est une considération à laquelle ne peuvent pas se prêter des entrepreneurs; car leur intérêt est de prendre où ils trouvent à meilleur compte. Une régie éclairée regarderoit où elle verse l'argent du royaume, et elle sentiroit qu'il vaut mieux tirer à haut prix des matières d'Alsace, ou des trois Evêchés, que de les acheter à un prix plus bas en Hollande ou en Allemagne.

derrière soi, et celui où les opérations peuvent conduire: à plus forte raison les ménage-t-on, si l'on y doit asseoir ses quartiers, si, par la position des choses, ce pays est ami ou doit nourrir long-temps l'armée. Par la raison opposée, on le ménage moins, s'il est étranger, ou si l'on prévoit être obligé de l'abandonner. Enfin plus ou moins ménager, plus ou moins épuiser le pays où l'on est, et celui dont on est entouré, à raison des évènemens qu'on médite et qu'on prévoit, c'est, comme l'on voit, une partie de la science des subsistances, sur laquelle les combinaisons militaires doivent considérablement influer.

Si l'on me reprochoit de répéter des vérités connues, combien ne pourrois-je pas citer d'exemples qui prouveroient que, si elles le sont, elles le sont vaguement, et sans qu'on en fasse l'application aux circonstances. En 1757, l'armée du roi entre dans le pays d'Halberstat; cette principauté est le grenier de la Marche, du Brandebourg, de presque toute la basse Saxe. La récolte venoit de se faire: il y avoit, en blé et en seigle, de quoi nourrir, pendant deux ans, une armée comme la nôtre. Un général, qui auroit eu les vrais principes de la science des subsistances, se fût dit: « J'arrive dans un pays abondant, je n'ai pour

» but que d'y passer l'automne ; l'hiver venu, » il faudra abandonner ce pays. Si je veux » des quartiers que l'ennemi ne puisse pas » faire lever, je dois les prendre en arrière, » et à l'abri d'une grande rivière, comme le » Veser, par exemple ». Cette supputation étoit facile à faire. La saison étoit avancée, la cour n'avoit pas voulu le siège de Magdebourg. Les Hanovriens éludoient l'exécution de la convention de Closterseven. A la façon dont marchoit l'armée des cercles, réunie à la nôtre, il étoit aisé de juger que, si elle ne se faisoit pas battre, elle seroit forcée de venir hiverner en Hesse et en Thuringe. En conséquence, le général que je suppose, eût continué de se dire : « Il faut tirer de la position où je suis, » tout l'avantage possible : il faut, ne pouvant » opérer, vivre du moins aux dépens de l'en» nemi ». Alors, au lieu de dévaster le pays, au lieu de le fourrager à la françoise, au lieu de consommer, en six semaines et sans profit pour l'État, ce qui eût nourri une armée d'orientaux pendant six mois ; au lieu de laisser continuer, au milieu de cette abondance, les fournitures par entreprise, et les formations de magasins, par les soins des employés ; au lieu de laisser vivre l'armée avec des grains de France ; au lieu de lui laisser payer sa solde avec l'or du royaume, il eût contenu les troupes en bonne discipline, il eût mis à profit les ressources du pays, il eût renvoyé derrière le Veser les entrepreneurs, gardes-magasins et autres employés inutiles. L'armée eût vécu du blé du pays, et elle en eût encore formé de gros magasins sur ses derrières. Des contributions étendues jusqu'à Magdebourg, dans le Brandebourg, et jusqu'aux portes de Berlin, eussent fait entrer dans la caisse de quoi suffire à la solde des troupes. On eût vu, pour la première fois, une armée françoise n'être point à charge au royaume, et subsister du fruit de ses conquêtes. Pour moi je ne sais s'il y auroit eu rien de plus méritoire, de plus glorieux aux yeux des hommes qui connoissent la vraie gloire, qu'une telle fin de campagne, après laquelle le maréchal de Richelieu auroit pu dire : « Je n'ai pas pris » Magdebourg, parce qu'on n'a pas voulu » que je l'assiégeasse. Je n'ai pas battu l'en- » nemi, parce que je ne l'ai point eu vis-à-vis » de moi; mais j'ai fait vivre, à ses dépens, » l'armée du roi; et depuis six mois, elle ne » coûte rien à l'État ».

Ce que je dis de notre séjour dans le pays de Halberstat, eût pu se faire depuis que l'armée du roi étoit dans l'électorat de Hanovre, et se continuer tant qu'elle y resta. Le roi de Prusse nous en donnoit l'exemple en Saxe ; et le pays ennemi que nous occupions, étoit trois fois plus grand que la Saxe ; c'étoit le duché de Hanovre et celui de Brunswick, la Hesse, la principauté de Halberstat, l'Oost-frise, le comté de la Marck, la Gueldre, etc. Mais c'est un art qui nous est tout-à-fait inconnu, que celui de savoir faire servir la guerre à nourrir la guerre. S'il s'élevoit un général qui eût ce talent, lui laisseroit-on le pouvoir de le mettre à exécution ? Il est d'usage en France que les vues des ministres et des généraux se croisent ; cette contrariété existe même entre les départemens des différentes branches d'administration ; et à travers ces malheureuses contradictions, tous les abus échappent, augmentent et s'invétèrent.

Qu'arrive-t-il, quand une armée françoise met le pied dans un pays ennemi ? A l'instant et sur les pas de cette armée, en arrive une autre d'employés, de commis, de préposés, tous gens qui cherchent fortune. Sous prétexte de mettre par-tout l'ordre et la comptabilité, tout se divise, se complique, s'embrouille. On projette, on ordonne, rien ne s'exécute, la tête tourne aux administrateurs du pays. S'il y a des contributions, elles se dissipent par toutes les filières où elles passent. Quelques particuliers font des fortunes obscures et scandaleuses. Les dépenses du roi ne diminuent pas. L'armée s'appauvrit, au lieu de s'enrichir : le pays prend une surface de dévastation et de misère, serre notre or, nous maudit, et nous voit partir en nous haïssant sans nous craindre.

Mais poursuivons l'examen de notre administration de subsistances. Pendant l'hiver de 1757 à 1758, l'armée prend ses quartiers entre le Veser et l'Aller. On se dit enfin qu'il faudroit vivre aux dépens du pays. On impose des livraisons de grains aux bailliages entre les deux fleuves : on en rassemble 200 mille sacs à Hanovre, à Brunswick, etc. La raison eût fait dire à un général qui auroit la régie des vivres, ou à un régisseur qui auroit fait ses combinaisons relativement à la position de l'armée : « Consommons ce grain, car il est » impossible que l'armée passe l'hiver ici. Si » les ennemis se remuent, au premier effort » qu'ils feront, nous serons obligés de repasser » le Veser. » Cet évènement n'étoit pas difficile à prévoir ; il étoit apperçu par l'armée entière. Mais au lieu de cela, on continue de vivre de ses derrières. Quoiqu'on regorge de subsistances sur le Veser, on fait des achats sur la Meuse et sur le Rhin. Les ennemis percent les quartiers : on brûle les magasins ou on les abandonne : l'armée se retire, sans regarder derrière elle : elle traverse des pays abondans et point épuisés : elle les traverse par divisions et en cantonnant, sorte de mouvement bien favorable pour faire vivre les troupes des moyens du pays, et néanmoins c'est la compagnie des vivres qui continue de les nourrir ; et pour cela, elle fait venir à la hâte de Vesel et des bords du Rhin, des grains au-devant de l'armée.

On pourroit m'accuser de charger ce tableau; mais j'ai pour témoins 50 mille François, reste infortuné de 100 mille qui composoient, huit mois auparavant, la plus florissante armée. J'ai pour garans 200 millions que cette funeste campagne a coûté à la nation. J'ai vu, et je ne veux pas oublier ce trait, parce qu'il complettera l'idée qu'on doit se faire de notre maladresse à tirer des ressources d'un pays, tous les pontons de l'armée, et vingt-quatre pièces de gros canon abandonnés à Hamelen. J'ai vu vingt-quatre autres pièces de 24, laissées à Lippstatt : c'étoit faute de chevaux pour les traîner. Le quartier général avoit cependant eu le temps de rester plusieurs jours dans chacune de ces villes ; et le pays, dont je parle, est si abondant en chevaux, qu'un brigadier de houssards en eût rassemblé cinq cents en vingt-quatre heures.

Il est étonnant ce qu'une bonne manutention militaire peut tirer de ressources d'un pays. Je parle d'un pays habité et fertile, comme la Flandre et la plus grande partie de l'Allemagne. Dans un pays pareil, une armée bien constituée, c'est-à-dire, point trop nombreuse, sobre, patiente, accoutumée à vivre de tout, sans murmurer; une armée, que précéderoit la plus grande réputation de discipline, et qui par conséquent ne feroit, ni fuir les habitans, ni enterrer les denrées, trouveroit de grandes facilités pour subsister: elle pourroit s'y avancer, le traverser, y séjourner même, sans attirails et sans établissemens. Car certainement, dans tel pays, les habitans ne vivent pas du jour à la journée: ils ont même, quand leurs semailles sont faites, des avances de subsistances pour quelques semaines. Voilà où seroit l'habileté d'un régisseur des vivres, de savoir, dans les occasions extraordinaires, tirer parti de ces ressources, faire faire du pain par-tout, faire nourriture de tout, trouver, en un mot, le moyen de faire avancer et subsister une armée dans un pays où l'ennemi étonné n'imagineroit pas qu'elle pût passer et subsister, et où lui-même, entravé par les méthodes ordinaires, n'oseroit pas se hasarder sans établissemens.

Je ne suis pas exclusif, ni outré dans mes opinions : je ne dirai pas à une armée : « N'ayez point d'équipages de vivres, de » magasins, de moyens de transport ; vivez » toujours du pays ; avancez, s'il le faut, dans » les déserts de l'Ukraine, la Providence vous » nourrira. » Je veux, je crois l'avoir déjà dit, qu'une armée ait un équipage de vivres, mais le moins nombreux possible, proportionné à sa force, à la nature du pays où elle doit agir, et aux moyens qu'exigent les opérations ordinaires. Je veux que, partant d'un fleuve, d'une frontière, elle ait, sur cette base, des magasins et des entrepôts bien disposés relativement à leur sûreté et au plan de ses opérations. Je veux que, si elle est dans le pays ennemi, ses magasins soient formés aux dépens du pays et par les soins du pays. Je veux, autant qu'on le pourra, que le pays soit chargé de la manutention, comptabilité, conservation, reversement d'un lieu à l'autre, afin de n'avoir, au moyen de cela, ni dommages, ni évènemens, ni employés, ni procès-verbaux à payer. Je veux que, soit en pays ami, soit en pays ennemi, les magasins soient formés des matières qui font la nourriture habituelle des gens du pays, parce qu'alors on les aura à meilleur compte et en plus grande abondance ; par conséquent, si les habitans se nourrissent de seigle, les troupes s'en nourriront, et l'on ne s'assujétira point, parce qu'un réglement de bureau aura déterminé, il y a 80 ans, l'espèce et la forme du pain qui doit être délivré au soldat, à ne leur en distribuer que de cette forme et de cette espèce. Je veux que, tant que les opérations seront simples, faciles, à portée des établissemens qu'on aura formés, le pain se fasse et se délivre dans la règle accoutumée, que la régie remplisse son service avec le plus d'ordre et d'exactitude possible. J'entends que les moyens de transport, qu'on pourra se procurer dans le pays, soient employés aux détails intérieurs de cette manutention, afin que par-là les équipages des vivres soient soulagés d'autant, dépérissent moins, soient à portée de l'armée, et prêts à la servir efficacement dans une opération extraordinaire. Les mouvemens viennent-ils à se multiplier et à se succéder? est-il nécessaire de faire une opération hardie, des marches forcées? il faut alors que la régie force de moyens, il faut qu'elle sache s'écarter de ses méthodes de routine et de précision. L'ennemi prend, je suppose, une position inattendue, et où je ne veux ni ne peux l'attaquer; je suis sûr de le déposter ou de le prendre à revers, en marchant sur son flanc. Suivant notre routine actuelle, il faut que, pour ce changement de direction, je me forme de nouveaux établissemens et de nouveaux rayons de communication. On me demande quinze jours pour la formation de ces nouveaux établissemens : il faut, dit-on, rassembler des matières, bâtir des fours, etc. Voilà précisément où je ne veux pas, s'il se peut, que les vivres me commandent; voilà où je veux que la régie redouble d'industrie, que l'armée vive des ressources du pays; qu'elle sache souffrir, changer de nourriture, jeûner, s'il le faut, sans murmure. C'est mon mouvement qui, dans cette circonstance, est l'objet principal : toutes les autres combinaisons ne sont qu'accessoires, et il faut tâcher de les lui soumettre. Il faut que l'ennemi me voie marcher, quand il me croira enchaîné par des calculs de subsistances; il faut que ce genre de guerre nouveau l'étonne, ne lui laisse le temps de respirer nulle part, et fasse voir, à ses dépens, cette vérité constante, qu'il n'y a presque pas de position tenable devant une armée bien constituée, sobre, patiente et manoeuvrière.

Les momens de crise passés, mon mouvement ayant rempli son objet, alors les subsistances rentrent dans le systême accoutumé d'ordre et de précision. On tient compte aux troupes des efforts qu'elles ont faits, du mal qu'elles ont souffert. C'est par cette alternative bien ménagée, de douceurs et de travaux, qu'on éloigne d'elles le dégoût, l'ennui, l'indiscipline, les maladies : c'est par elle qu'on leur fait faire, dans l'occasion, des choses au-dessus des forces humaines. Enfin, si je suis dans un pays ennemi, et que ce pays soit abondant, je suspends les dépenses de la régie pour tout le temps qu'il peut y fournir : je vis à ses frais. Je les suspends à plus forte raison, si j'y entre en quartier d'hiver : je fais faire les livraisons par le pays, ainsi que les emmagasinemens, les fournitures, les comptabilités. Là, je veux que les troupes soient dédommagées de la fatigue de la campagne ; qu'elles vivent chez l'habitant ; qu'elles mettent leur solde en réserve. Je règle ce qu'elles peuvent exiger, sur un pied raisonnable, et dans l'espèce de denrées que le pays consomme. En même temps que je procure ces douceurs aux troupes, j'établis une discipline de fer pour réprimer les moindres désordres. Pendant cet intervalle de repos, les équipages des vivres se réparent, se remontent ; et la régie prépare, dans le silence, ses moyens pour la campagne suivante.

Ceci me conduit à une vérité politique importante, qui n'est pas assez sentie par notre gouvernement : c'est qu'à un royaume constitué et puissant, comme la France devroit l'être, il faudroit rarement de grands alliés, et jamais de petits : il devroit sur-tout éviter d'en avoir dans le pays, ou aux environs du pays où il porte le théâtre de la guerre. C'étoit une maxime d'état chez les Romains : leurs alliés étoient des espèces de vassaux, ils contribuoient aux frais de la guerre : ils nourrissoient l'armée, si elle étoit sur leur territoire. Notre politique de ménagemens, de subsides secrets, est petite et ruineuse pour un grand peuple : elle est sur-tout funeste aux opérations militaires : elle embarrasse les généraux, et met les armées mal à l'aise. La France, au point de splendeur et de prépondérance où devroit la porter un plan de régénération qu'il faut malheureusement désespérer de voir, devroit au milieu de l'Europe dont elle est le centre, se soutenir seule par son propre poids; elle devroit, avec une manière franche, large, hardie, qui convient aux grands empires, dire à ses voisins : « Je ne veux point m'étendre,

» je tâcherai de ne me pas faire d'enne-» mis, et je ne veux point d'alliés. »

Je n'ai fait que jeter ici des vues générales sur la nécessité de donner une forme nouvelle à notre systême de subsistances. Ces vues veulent être développées et appuyées par des détails : elles les seront dans mon grand Ouvrage. J'y parlerai de cette autre branche de subsistances, si importante à approfondir et à perfectionner, celle *des fourrages*. L'étude de cette dernière a, comme celle des subsistances de bouche, ses principes, sa théorie : elle exige de la pratique et de l'intelligence de la part de ceux qui en sont chargés : elle doit de même être en tout temps, et à la paix, et à la guerre, et en campagne et en quartier d'hiver, entre les mains des militaires : elle doit entrer dans le plan de l'école des subsistances, que j'ai proposé de former. Nous avons un officier (1),

(1) M. Dubois, lieutenant-colonel de dragons, et employé dans l'Etat-major de l'armée pendant la dernière guerre. C'est sous les ordres et sous les instructions de M. le maréchal et de M. le comte de Broglie, que cet officier s'est formé aux détails de cette partie des subsistances. Ils sentoient la nécessité d'en rendre la manutention militaire, et ils l'avoient rendue telle le plus qu'il leur avoit été possible. Je dis le plus qu'il leur avoit été possible, car il ne l'est pas qu'on y parvienne jamais

dans le royaume, qui porte bien loin les connoissances sur cette partie. Le ministère l'avoit appelé, il y a quatre ans, et sembloit vouloir faire usage de ses lumières. Cette bonne intention est restée sans effet. Il en est ainsi de presque toutes celles que forment les hommes chargés d'une grande administration, quand elles sont incohérentes et sans rapport à un plan général qui les leur rappelle. Une circonstance, un moment de réflexion, portent les yeux du ministère sur un abus : il sent, il desire le remède : d'autres affaires l'entraînent, son desir s'efface, et cet élan passager n'a été qu'un soupir inutile vers le bien.

Mais, pour conclure cet important article, une refonte aussi entière que celle que je propose dans nos méthodes de subsistances, ne peut avoir lieu, tant qu'on ne changera rien à la constitution de nos troupes et à celle de nos mœurs. Nos troupes ne sont pas constituées militairement. Nos mœurs ne sont pas militaires. Nos soldats, et nos officiers encore

completement dans nos armées françoises. Nos généraux sont ordinairement contrariés par les ministres. Les ministres sont le plus souvent conduits par leurs bureaux ; et les bureaux sont ennemis nés de tout systême qui tend à remettre l'administration des détails militaires entre les mains du militaire.

moins, n'ont ni la frugalité, ni la patience, ni la force de corps, qui sont les qualités primordiales et constitutives des gens de guerre. Ces qualités ne sont pas honorées de notre siècle; elles y sont affoiblies et tournées en ridicule par le luxe, et par l'esprit qui domine. Nous sommes des Sybarites; et telle est cependant l'influence de l'exemple et de la mode sur notre Nation, à la fois foible et forte, légère et capable de réfléchir, que, si le souverain vouloit en changer les moeurs, lui donner l'esprit militaire, apprendre à commander ses armées, les commander, en bannir le luxe, être lui-même frugal et patient à souffrir, avant peu d'années les vertus guerrières y deviendroient communes et respectées, autant qu'elles le sont peu aujourd'hui. L'honneur, si facile, de régénérer la Nation, ne tentera-t-il donc jamais un de ces Princes?

CONCLUSION.

Je termine ici mon Essai général de Tactique. J'ai examiné cette science dans toutes ses branches, et sous tous ses rapports. S'il y a quelques parties que je n'ai pas approfondies, c'est parce que cet Essai n'est que l'ébauche d'un plus grand Ouvrage. Je veux que le travail, le temps, l'expérience, la critique, m'éclairent, et donnent plus d'autorité à mes opinions. Je ressemble à ces architectes qui, chargés d'une grande construction, en exposent le relief, et attendent, observateurs attentifs, les remarques que fera le public, pour en profiter, avant que d'élever leur édifice.

Il est des objets importans, sur lesquels je n'ai presque jeté que des doutes. Tels sont l'examen de notre système actuel, relativement à la formation des armées, et à la conduite de la guerre de campagne, et les changemens que je pense qu'il seroit avantageux d'y faire. J'ai appuyé ces doutes d'assez de détails et de raisons, pour mettre sur la voie quiconque pourra m'entendre. En les donnant, comme assertions, je n'aurois pas mieux convaincu, et j'aurois indisposé davantage. Tout ce qui tient au génie et aux généraux, est si délicat à traiter! Ce qui tient au génie porte nécessairement une empreinte systématique; et annoncer des systêmes, c'est déjà mettre contre soi une infinité de gens qui les condamnent sans les lire. Il est encore plus dangereux de raisonner sur ce qui regarde les généraux. Newton, sans crainte de blasphême, osa attaquer Descartes et l'Europe entière devenue Cartésienne. Un autre géomètre pourra élever un systême contre Newton. Il ne courra que le danger de la honte, s'il le fait sans génie. Mais, dans la profession militaire, à peine convient-on que l'étude puisse mûrir l'esprit, que le génie puisse devancer les années. Pour avoir le droit de parler de science à des généraux, il faut avoir commandé des armées : la subordination d'âge et de grade est étendue jusque sur les pensées. Hors du service, et dans les discussions militaires, si je peux donner ce nom aux controverses militaires que l'on fait imprimer, cette servitude peut nuire aux progrès de l'art, mais elle est nécessaire, et quoique j'aie cherché peut-être moi-même à m'en affranchir, je ne pense pas qu'il en faille relâcher les liens, dans un siècle et dans une nation, où des portions de connoissances, répandues dans presque toutes les têtes, donnent à presque toutes la prétention d'opiner et l'apparence des talens.

Dans le cours de cet Essai, attentif à éviter les personnalités, je me suis quelquefois élevé avec force contre des abus régnans. On m'avoit conseillé d'adoucir ces passages. Je l'ai essayé ; mais, sans doute, le fond de mes pensées tenoit à mes expressions : car les mots que je substituois, ne rendoient plus ce que je voulois dire. Ce seroit un talent bien nécessaire, mais je le crois le fruit des années, que de parler froidement des vérités qu'on sent avec chaleur.

C'est une encyclopédie, elle seule, que la science militaire. C'est la plus intéressante des sciences, soit qu'on la considère relativement à la variété de ses détails, ou à l'importance de son objet, ou à la gloire et aux grands intérêts qui y tiennent. Puisse cette vérité, sentie par les hommes qui sont destinés à commander les armées, leur faire appercevoir l'immensité de leurs obligations ! Car ce n'est encore rien, que l'acquisition des connoissances qui composent la science militaire : il faut, pour être un général du premier ordre, savoir employer ces connoissances : il faut avoir le génie que rien ne peut acquérir, le coup-d'œil que l'habitude perfectionne et ne peut donner : il faut réunir un assemblage plus qu'humain, de qualités physiques et morales. Aussi doit-on rester confondu d'étonnement et de respect, à la vue du petit nombre de généraux que la postérité honore du nom de grand. Il semble que la nature ne les produise çà et là, au milieu des siècles, que pour servir d'époques à la grandeur de l'esprit humain.

Les gens de lettres n'ont pas, en général, cette haute idée de la science de la guerre. Ils la croient vague et dénuée de principes positifs. Ce malheureux préjugé est répandu même chez beaucoup de militaires. Faute d'avoir assez étudié leur art, ils ne font point assez de cas de leur profession. Je retirerai de mon travail un grand prix, si j'ouvre les yeux à quelques-uns d'eux. Il est si encourageant, quand on cultive une science, de la voir acquérir de l'estime et de l'importance dans l'opinion des hommes.

FIN.

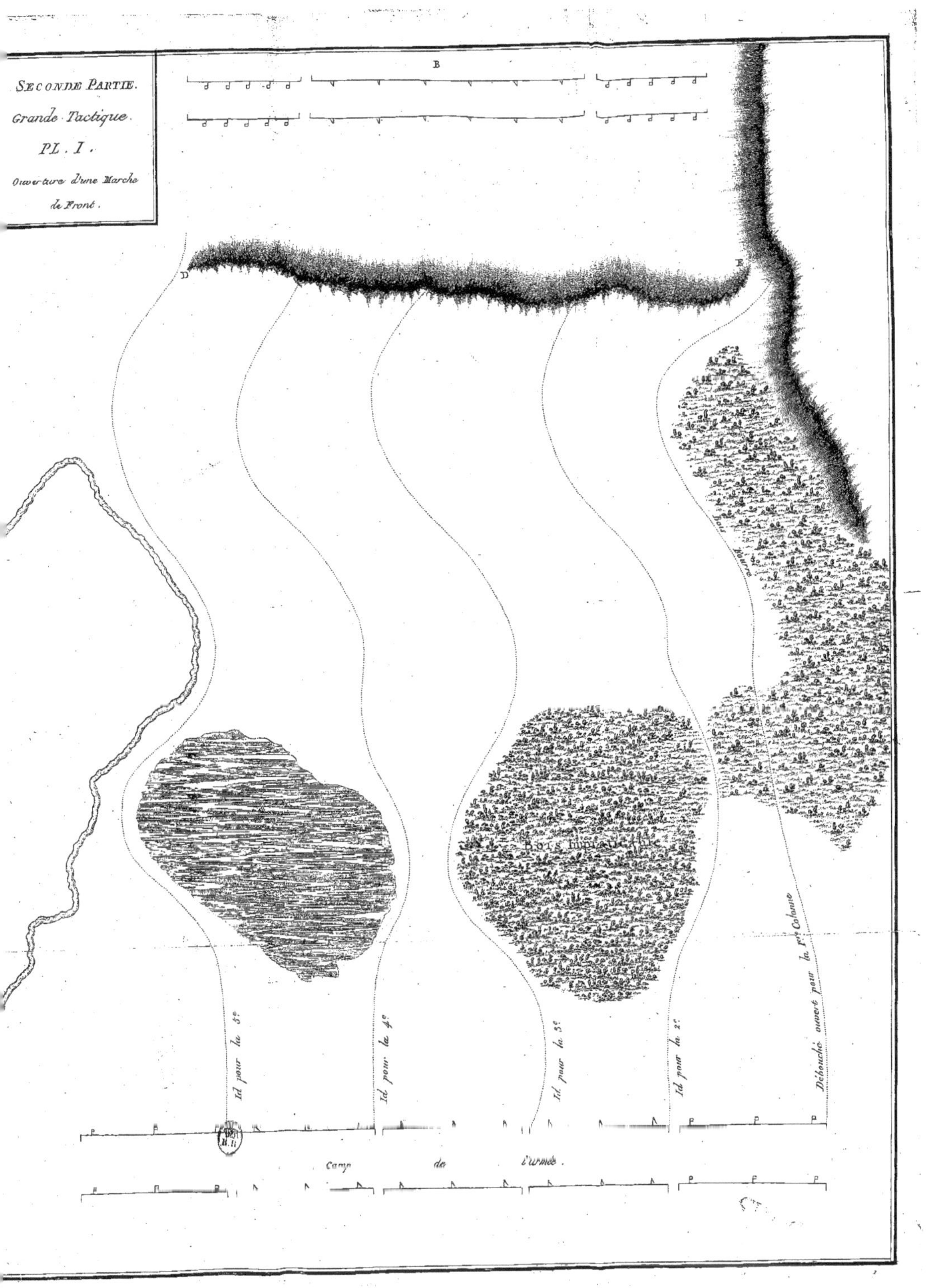

SECONDE PARTIE.
Grande Tactique.
PL. I.
Ouverture d'une Marche de Front.
B
D
E
Bois impraticable
Id pour la 5e.
Id pour la 4e.
Id pour la 3e.
Id pour la 2e.
Débouché ouvert pour la 1re Colonne
Camp de l'armée.

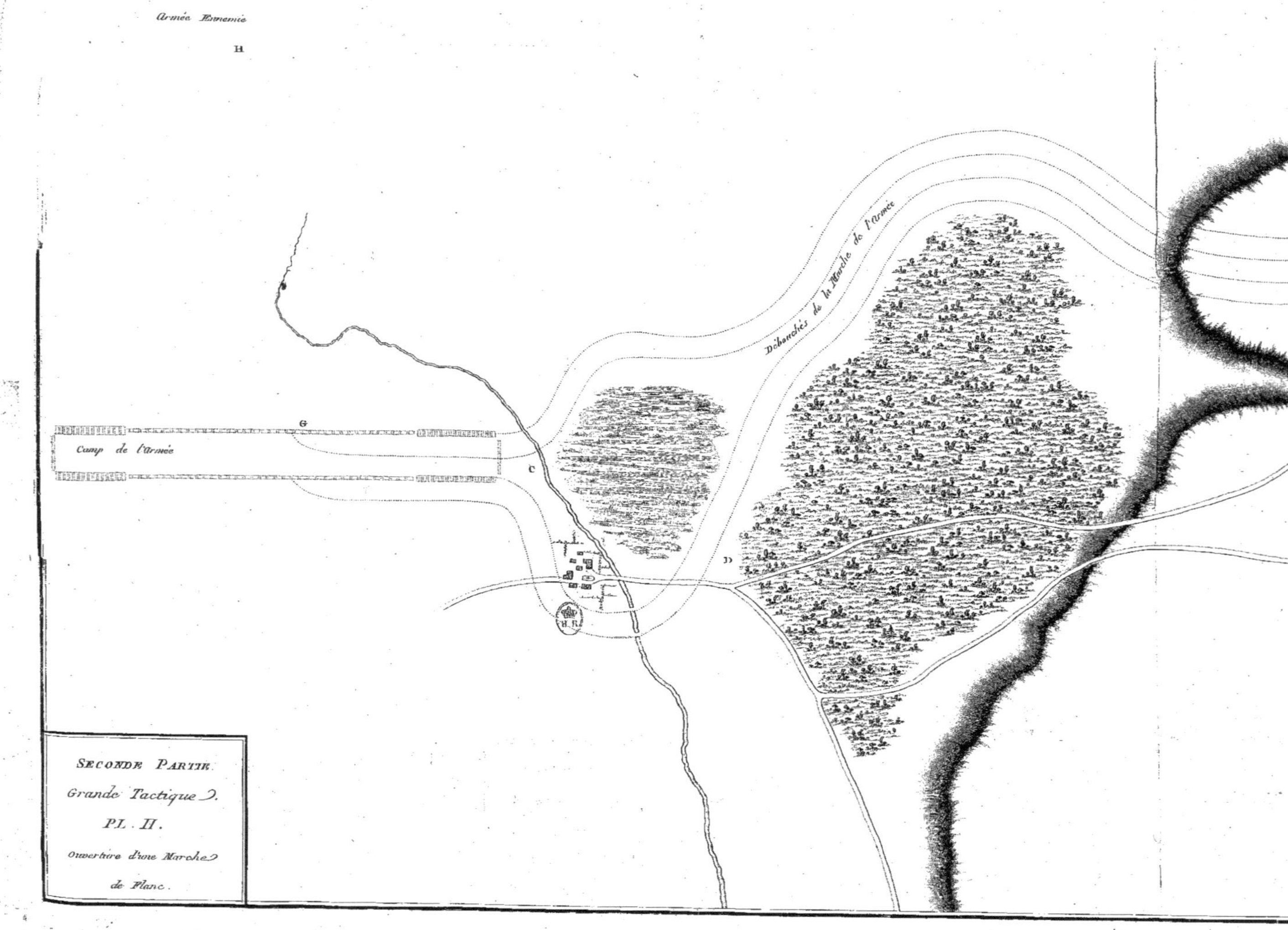

Armée Ennemie
H
G
Camp de l'Armée
C
D
Débouchés de la Marche de l'Armée
SECONDE PARTIE.
Grande Tactique.
PL. II.
Ouverture d'une Marche
de Flanc.

SECONDE PARTIE

Grande Tactique Planche III.

Ordre de Bataille de l'Armée dans le Camp d'Instruction.

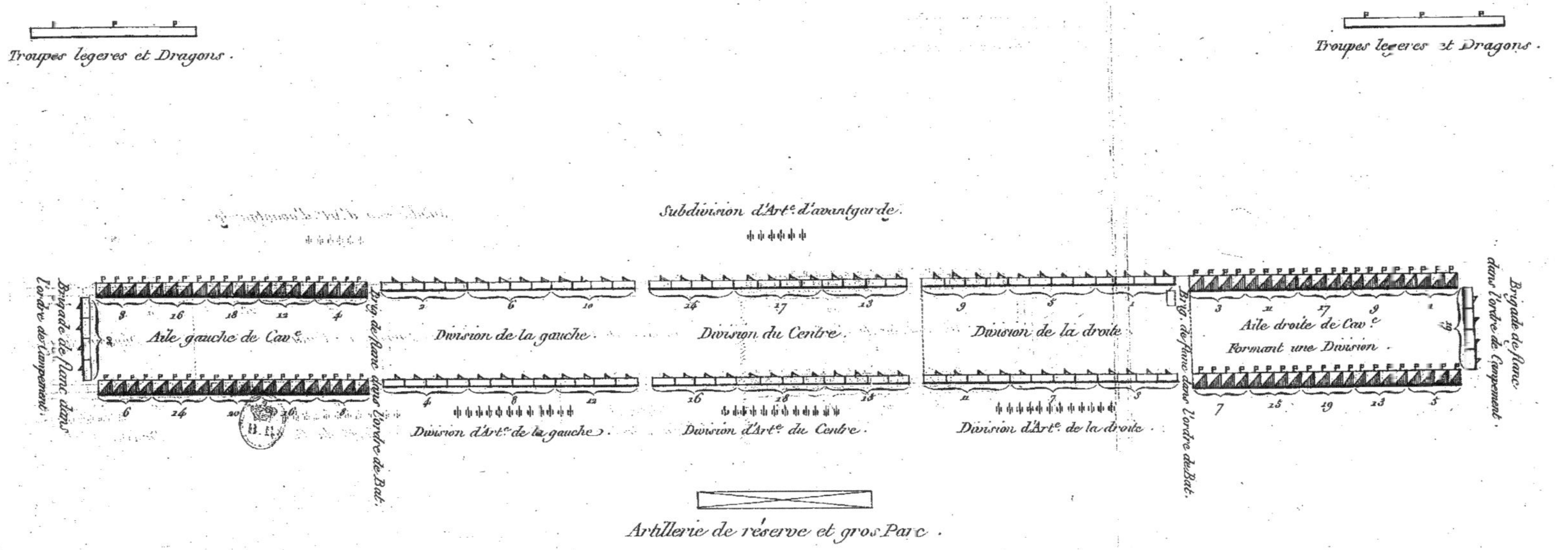

Troupes legeres et Dragons.

Troupes legeres et Dragons.

Subdivision d'Art.^e d'avantgarde.

Brigade de flanc dans l'ordre de Campement.

8 16 18 12 4

Aile gauche de Cav.^e

6 24 20 16 8

Brig. de flanc dans l'ordre de Bat.

2 6 10

Division de la gauche.

4 8 12

Division d'Art.^e de la gauche.

24 17 13

Division du Centre.

16 18 18

Division d'Art.^e du Centre.

9 5 1

Division de la droite.

11 7 3

Division d'Art.^e de la droite.

Brig. de flanc dans l'ordre de Bat.

3 11 17 9 1

Aile droite de Cav.^e Formant une Division.

7 25 19 23 5

Brigade de flanc dans l'ordre de Campement.

Artillerie de réserve et gros Parc.

SECONDE PARTIE.

Grande Tactique. Pl. IV.

Ordre de Marche de Front suivi d'un Ordre de Bataille parallele: les Colonnes se deployant sur la gauche.

A

B

Seconde Partie.
Grande Tactique.
Pl. V.
[illegible] de Marche de Front.
[illegible] d'un Ordre de Bataille
[illegible]lele, les Colonnes se
[illegible]yant par la droite.

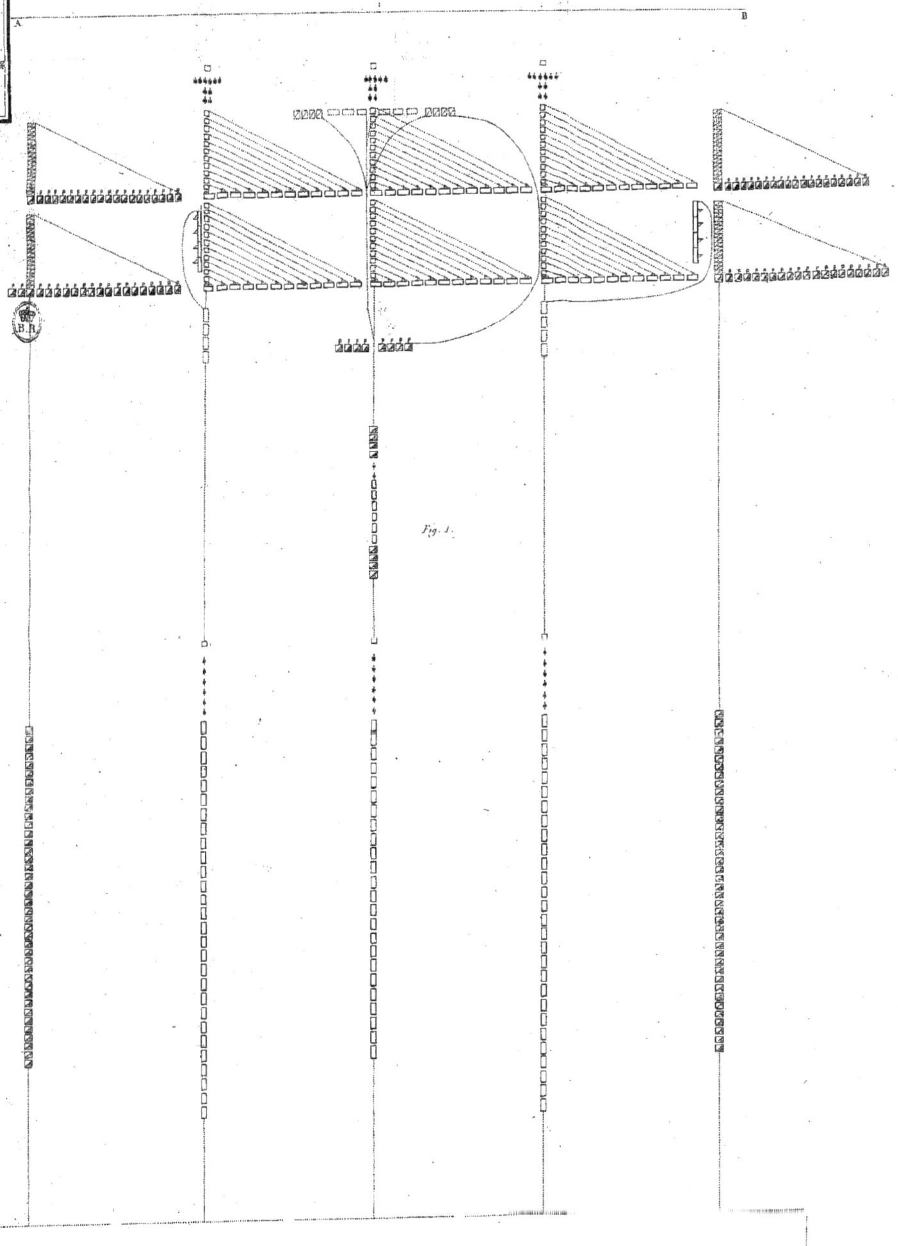

A

B

B.R.

Fig. 1.

SECONDE PARTIE,
Grande Tactique Pl. VI.
Ordre de Marche de Front suivi d'un Ordre de Bataille parallele : les Colonnes se déployant sur le Centre.

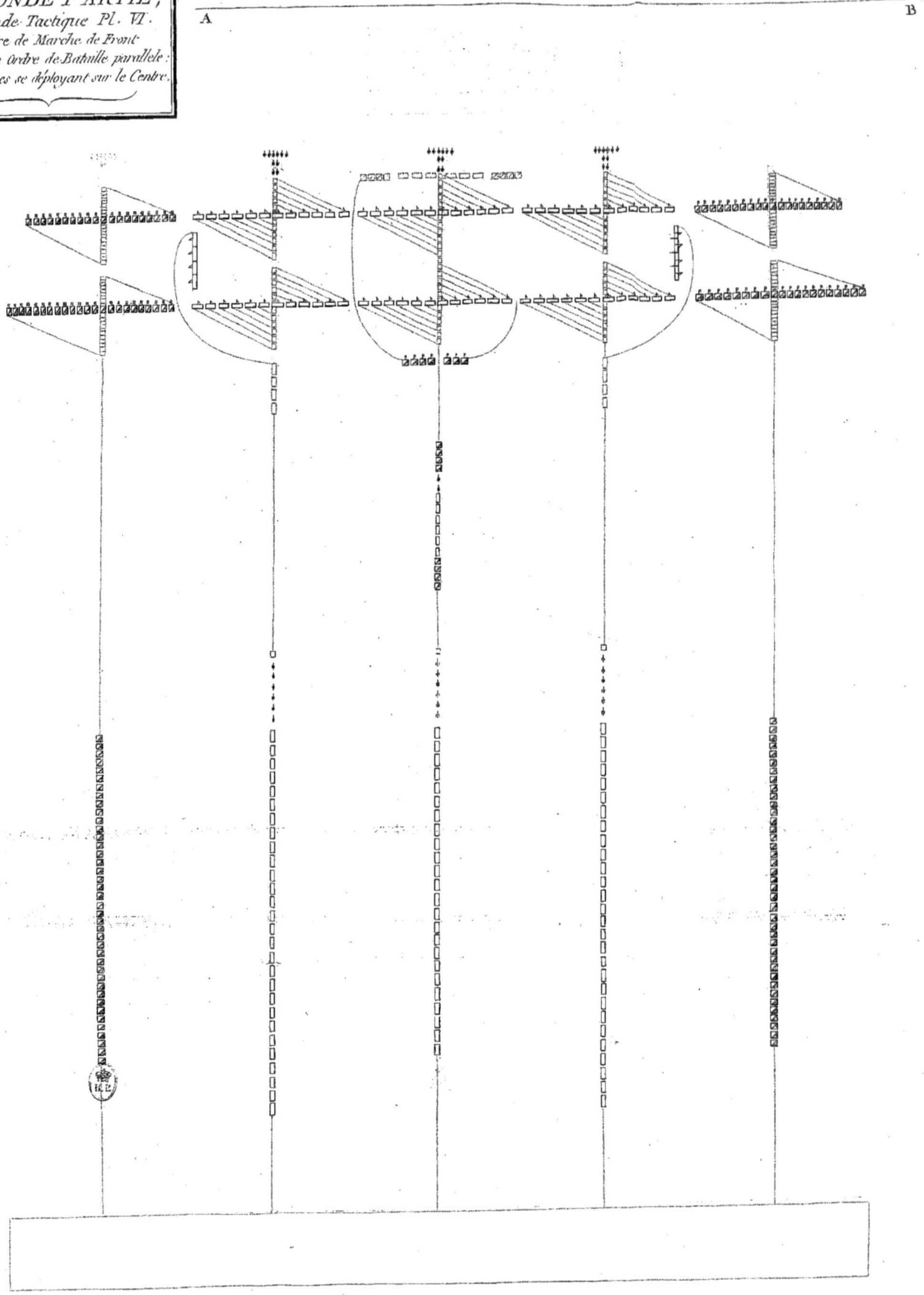

A

B

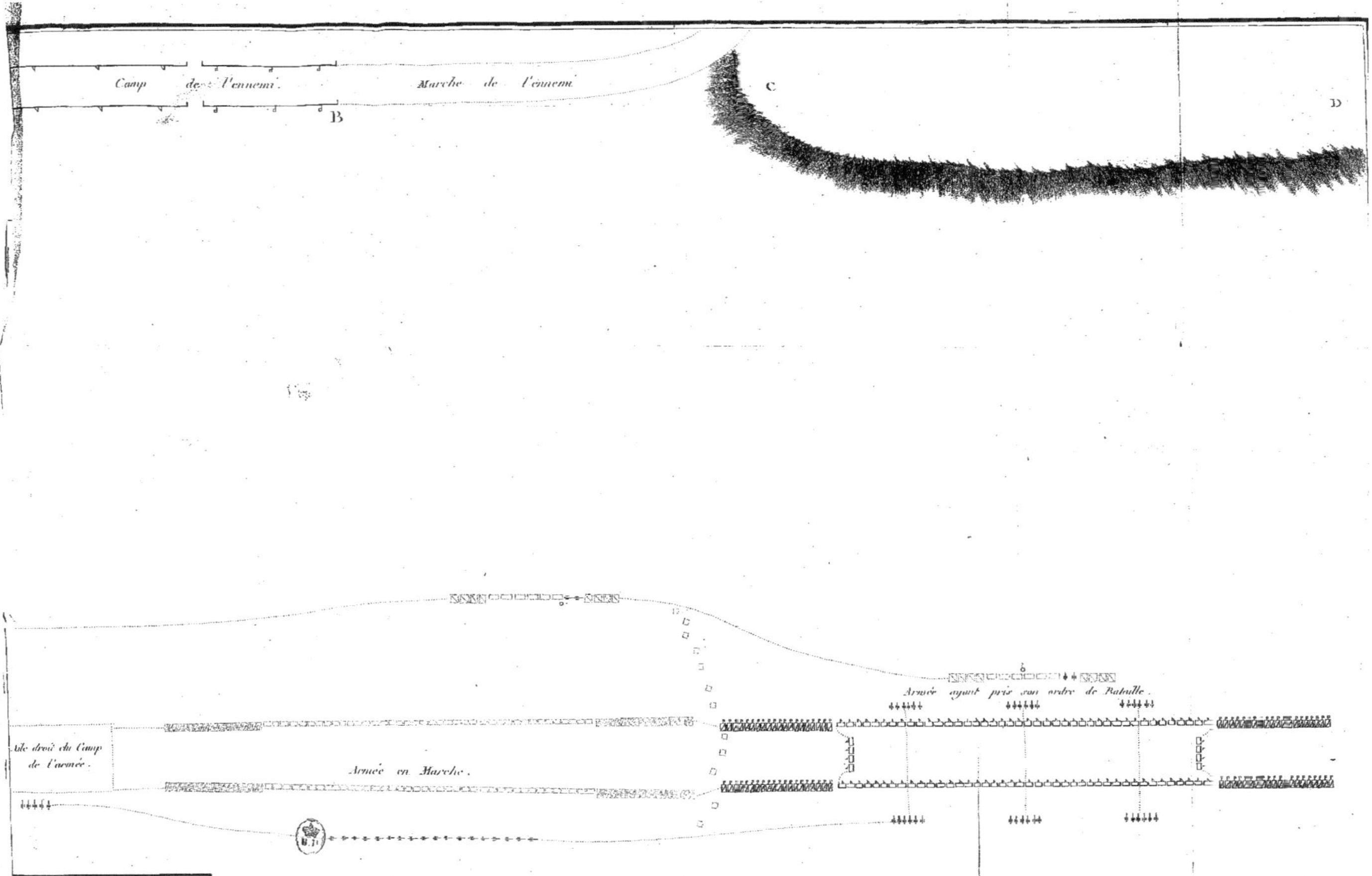

Camp de l'ennemi.

Marche de l'ennemi.

B

C

D

Armée ayant pris son ordre de Bataille.

Aile droit du Camp de l'armée.

Armée en Marche.

SECONDE PARTIE.

Grande Tactique.

Pl VII.

Ordre de Marche de flanc suivi d'un Ordre de Bataille parallele.

SECONDE PARTIE

Grande Tactique

Pl. VIII.

Autre Ordre de marche de Flanc suivi d'un Ordre de Bataille parallele

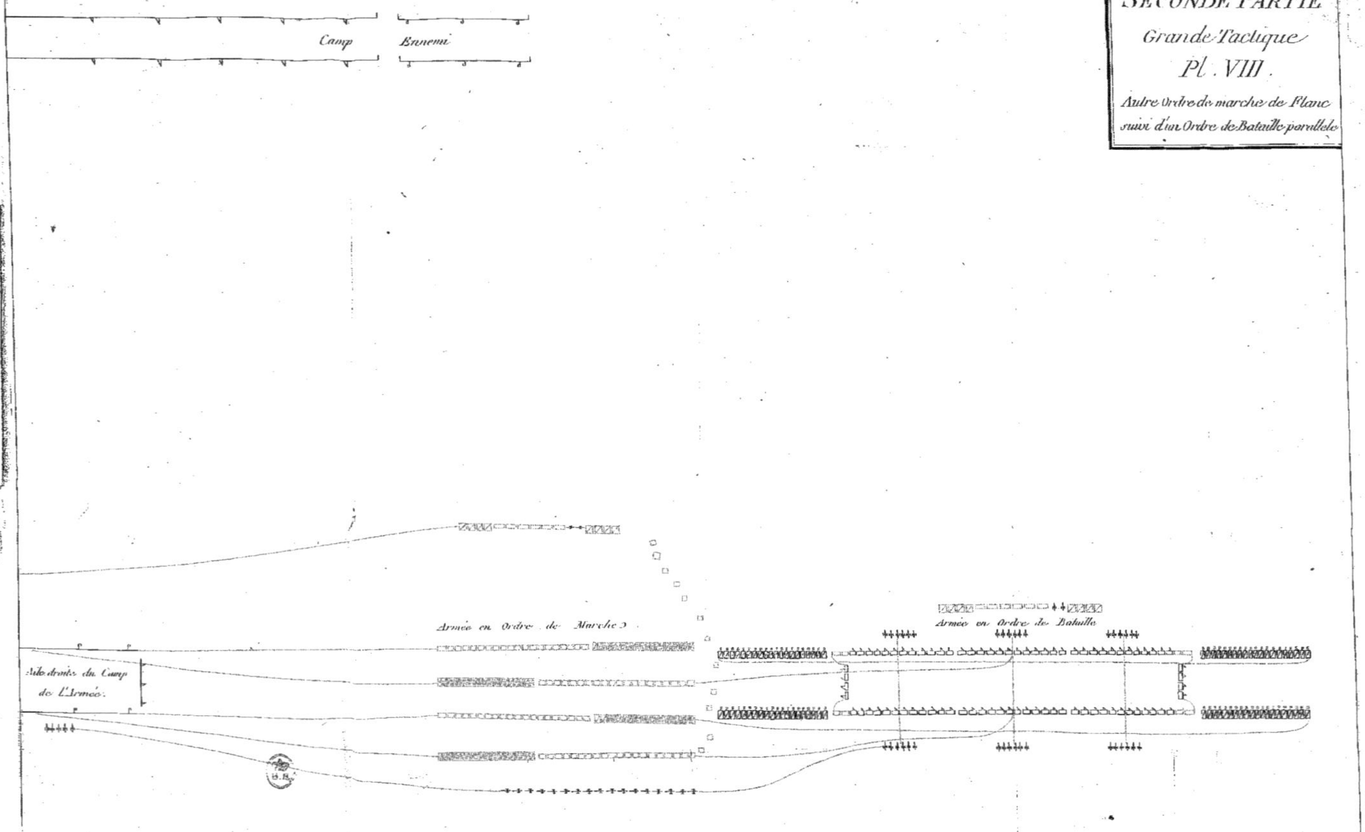

Camp Ennemi

Armée en Ordre de Marche

Armée en Ordre de Bataille

Aile droite du Camp de l'Armée.

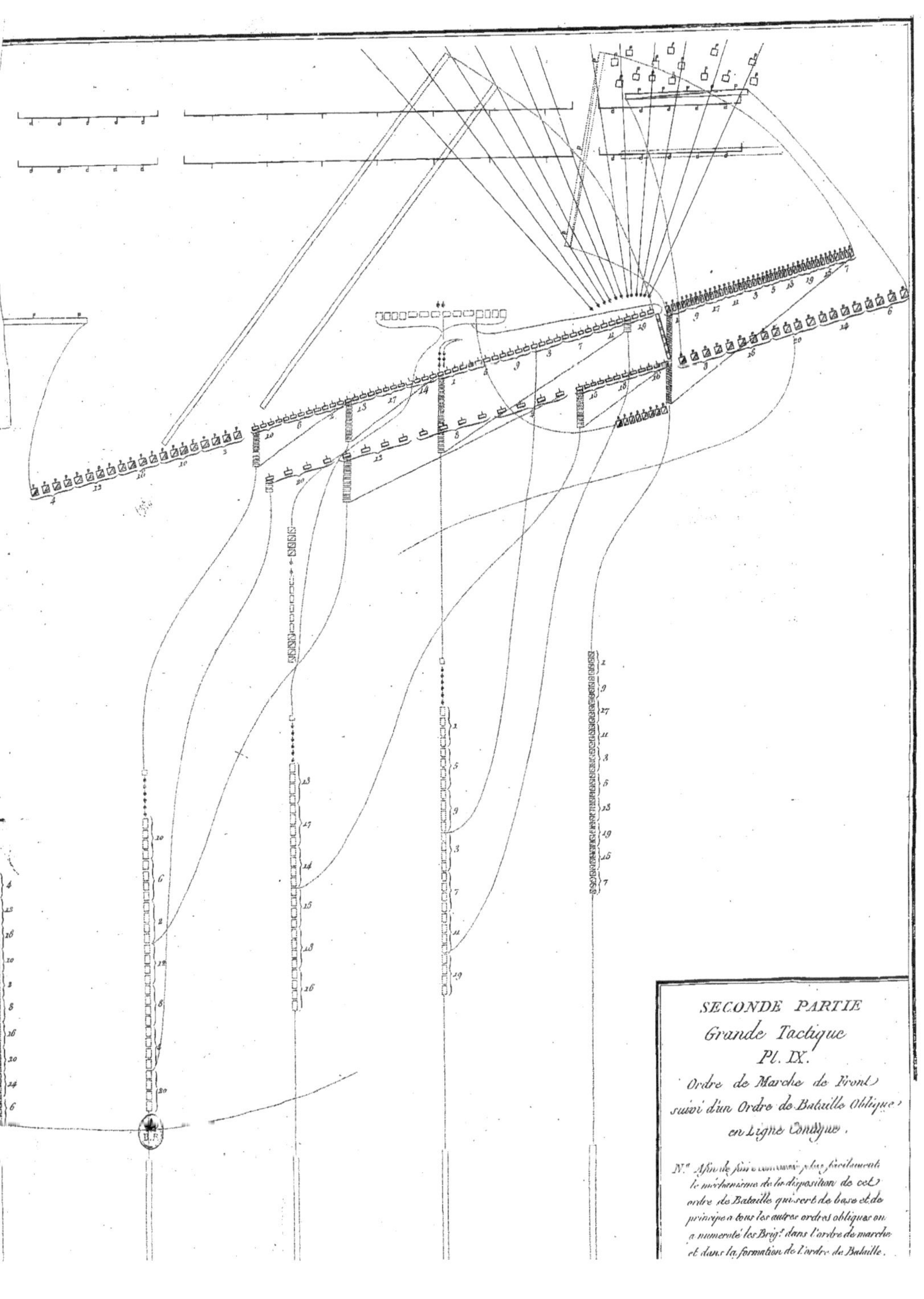
SECONDE PARTIE
Grande Tactique
Pl. IX.
Ordre de Marche de Front
suivi d'un Ordre de Bataille Oblique
en Ligne Contigue.
N.ª Afin de faire connoître plus facilement le méchanisme de la disposition de cet ordre de Bataille qui sert de base et de principe a tous les autres ordres obliques on a numeroté les Brig.s dans l'ordre de marche et dans la formation de l'ordre de Bataille.

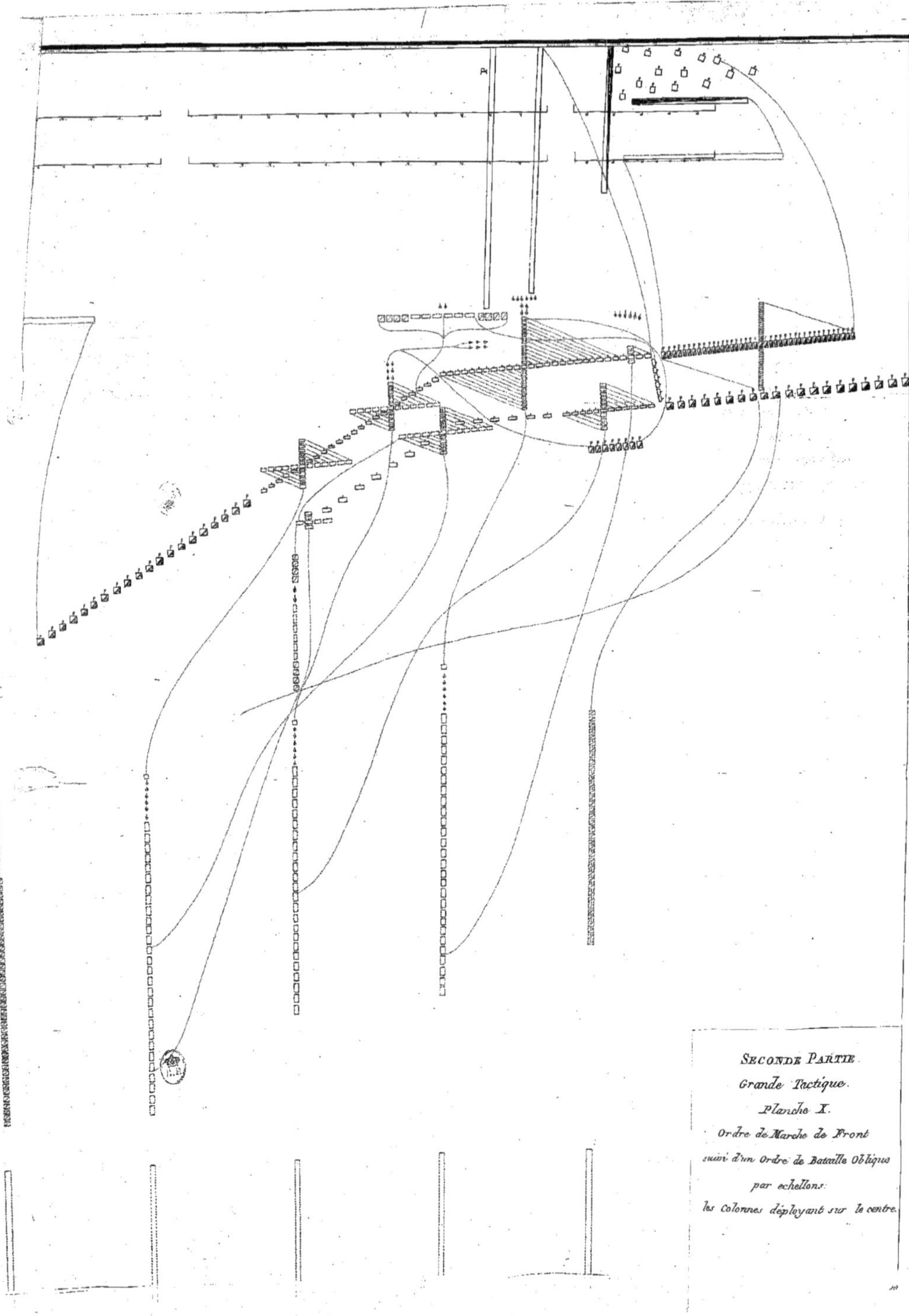

SECONDE PARTIE.
Grande Tactique.
Planche X.
Ordre de Marche de Front
suivi d'un Ordre de Bataille Oblique
par echellons:
les Colonnes déployant sur le centre.

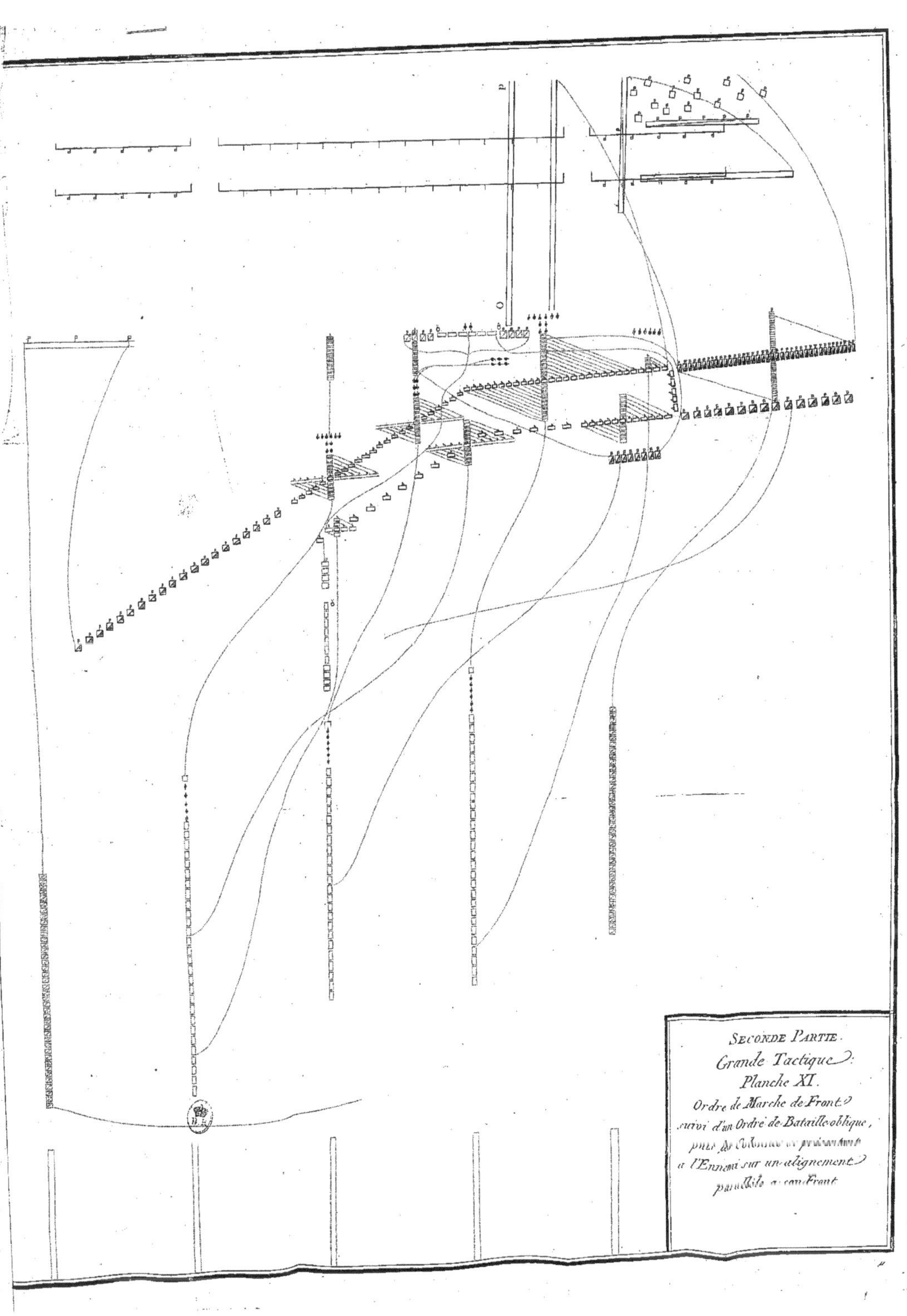
SECONDE PARTIE.
Grande Tactique:
Planche XI.
Ordre de Marche de Front
suivi d'un Ordre de Bataille oblique,
a l'Ennemi sur un alignement
parallèle a son Front

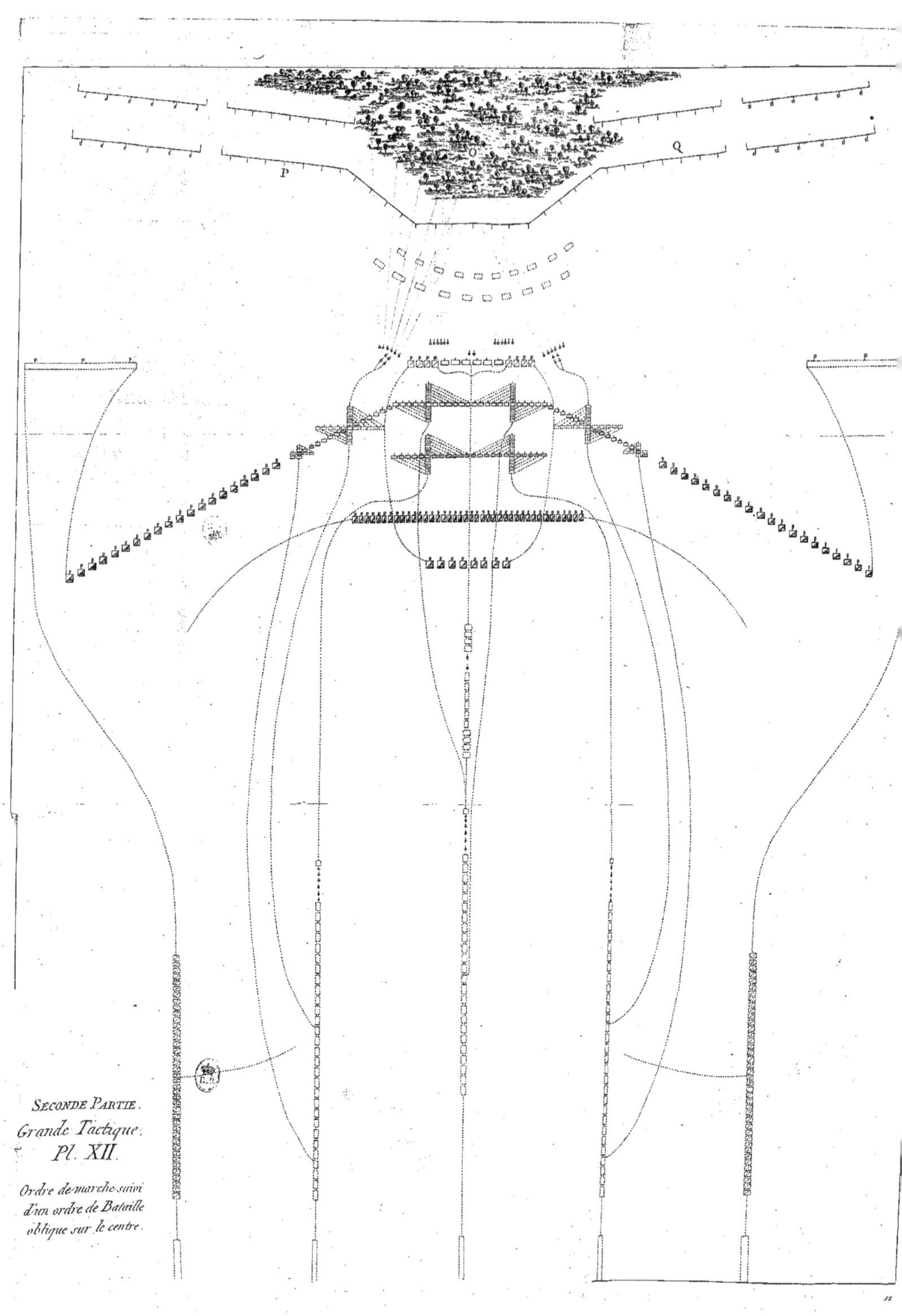

SECONDE PARTIE.
Grande Tactique.
Pl. XII.

Ordre de marche suivi d'un ordre de Bataille oblique sur le centre.

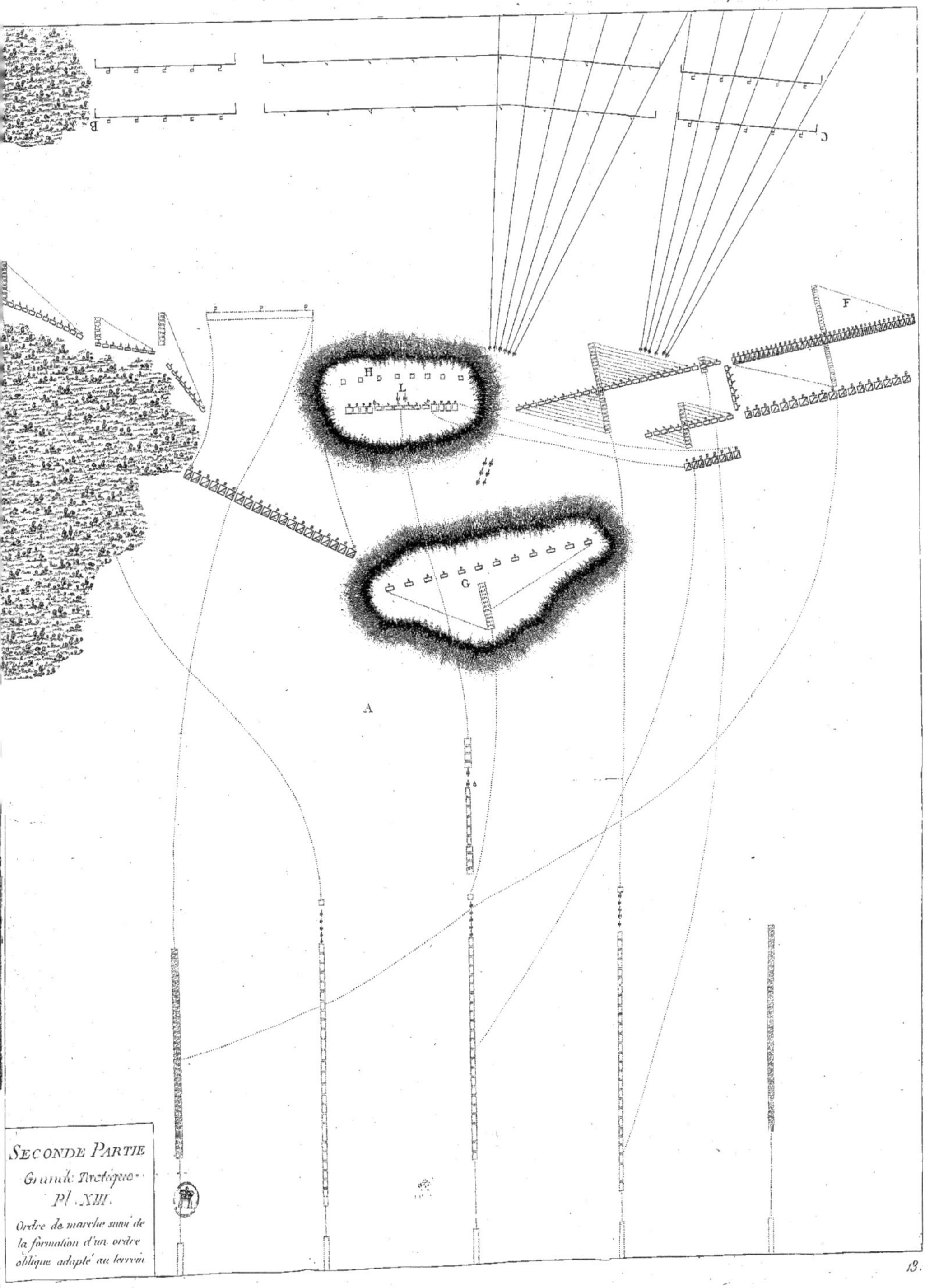

B

C

F

H

L

G

A

SECONDE PARTIE

Grande Tactique.

Pl. XIII.

Ordre de marche suivi de la formation d'un ordre oblique adapté au terrein

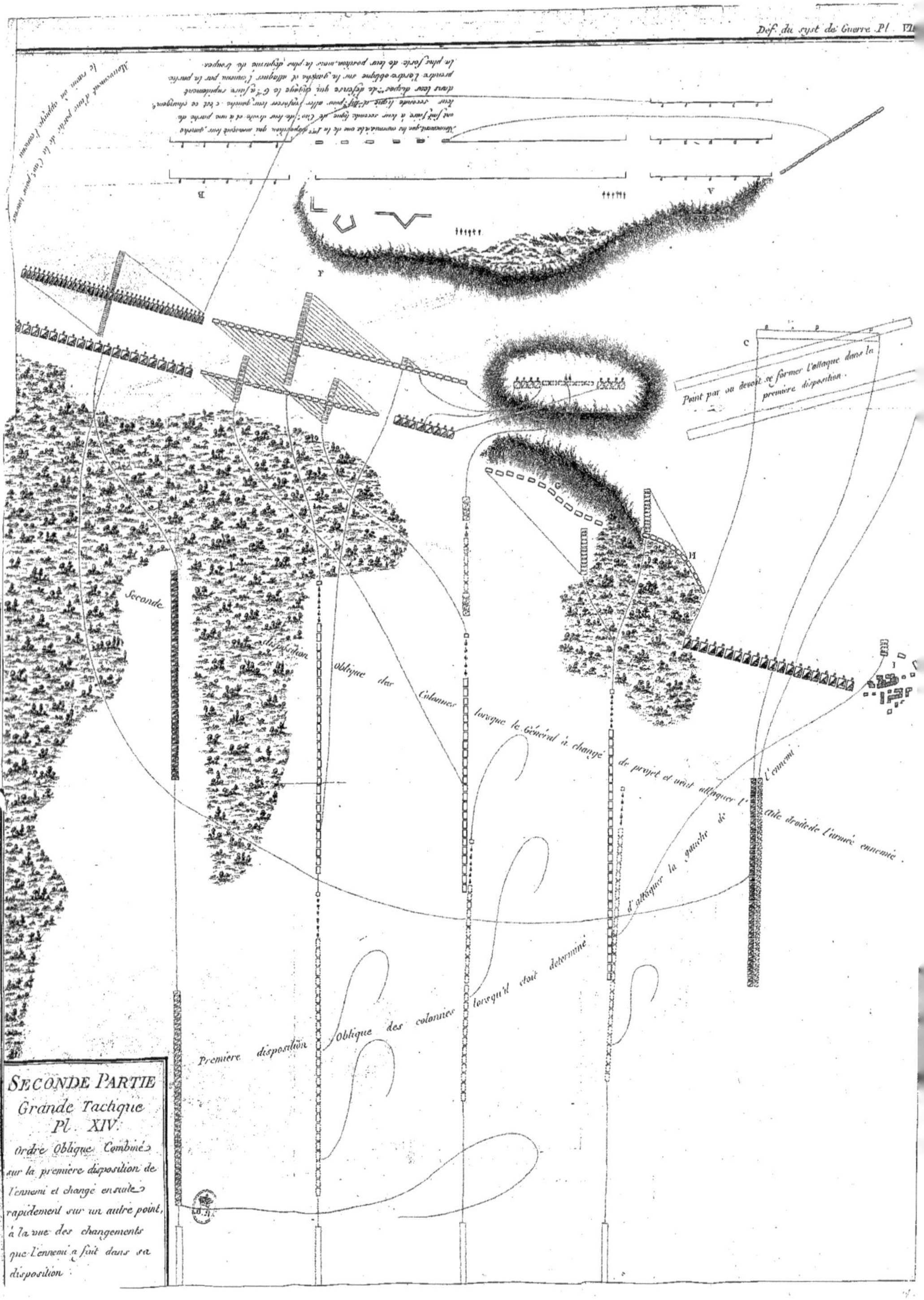

Mouvement, que les ennemis à la vue de la 1re disposition qui menaçoit leur gauche ont fait faire à leur seconde ligne de Cav. de leur droite et à une partie de leur seconde ligne d'Inf. pour aller renforcer leur gauche. c'est ce changem.t dans leur dispos.on de défense qui engage le G.al à faire rapidement prendre l'ordre oblique sur la gauche et attaquer l'ennemi par la partie la plus forte de leur position, mais la plus dégarnie de troupes.

Mouvement d'une partie de la Cav. pour tourner le ravin où appuye l'ennemi

A

B

F

C

Point par où devoit se former l'attaque dans la première disposition.

H

I

Seconde disposition Oblique des Colonnes lorsque le Général a changé de projet et veut attaquer l'Aile droite de l'armée ennemie.

d'attaquer la gauche de l'ennemi

Première disposition Oblique des colonnes lorsqu'il étoit determiné

SECONDE PARTIE

Grande Tactique

Pl. XIV.

Ordre Oblique Combiné sur la première disposition de l'ennemi et changé ensuite rapidement sur un autre point, à la vue des changements que l'ennemi a fait dans sa disposition.

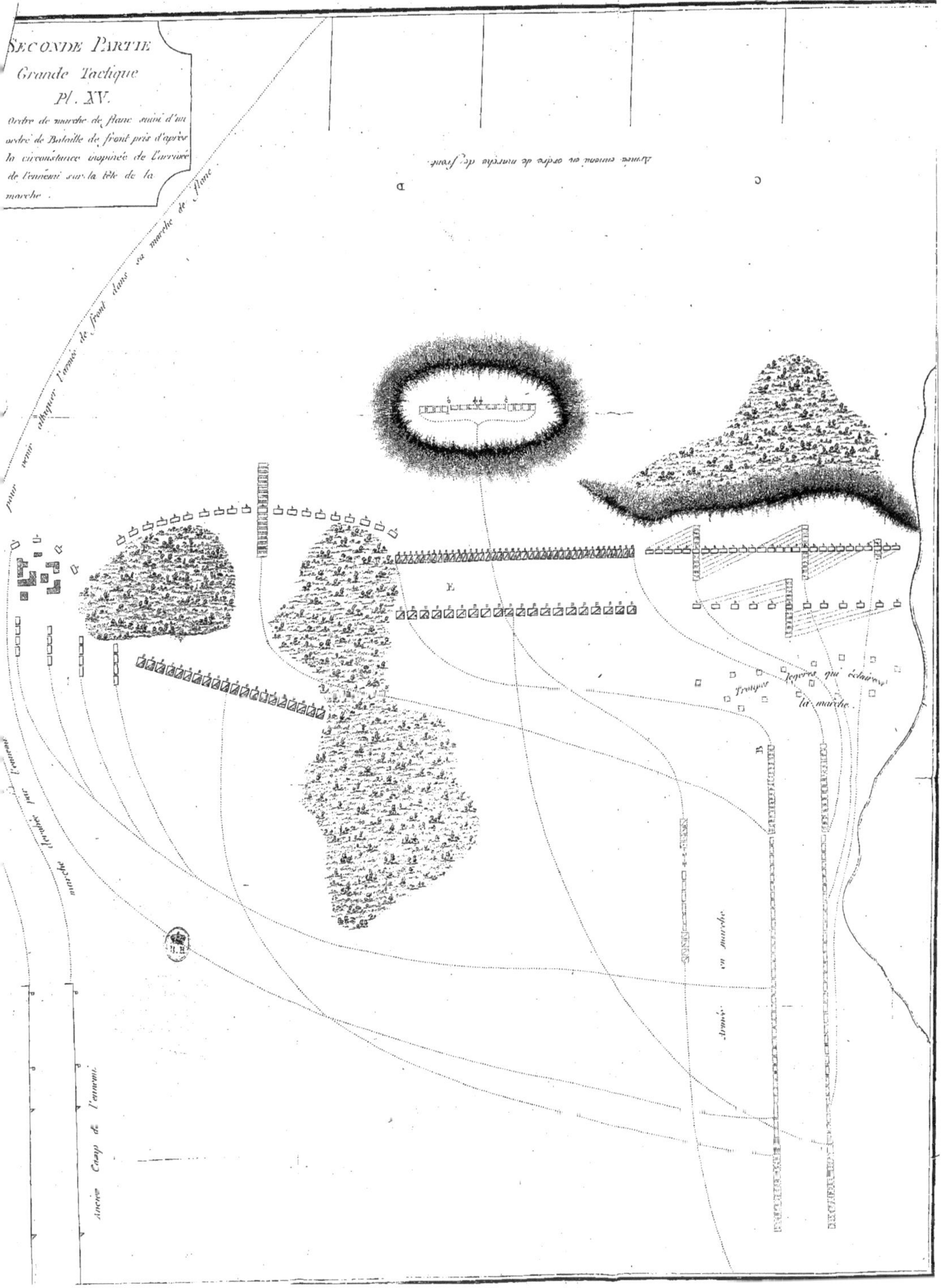
Seconde Partie
Grande Tactique
Pl. XV.
Ordre de marche de flanc suivi d'un ordre de Bataille de front pris d'après la circonstance inopinée de l'arrivée de l'ennemi sur la tête de la marche.
Armée ennemi en ordre de marche de front.
D
C
pour venir attaquer l'armée de front dans sa marche de flanc
E
Troupes legères qui éclairent la marche.
B
Armée en marche
marche dérobée par l'ennemi
Ancien Camp de l'ennemi.

www.ingramcontent.com/pod-product-compliance
Ingram Content Group UK Ltd.
Pitfield, Milton Keynes, MK11 3LW, UK
UKHW012011240726
13965UKWH00002B/306